吉林省粮食生产适度规模经营模式与效率研究

顾莉丽 著

中国农业出版社

图书在版编目（CIP）数据

吉林省粮食生产适度规模经营模式与效率研究 / 顾莉丽著 . —北京：中国农业出版社，2016.12
ISBN 978-7-109-22361-5

Ⅰ.①吉… Ⅱ.①顾… Ⅲ.①粮食－生产－规模化经营－管理模式－研究－吉林 Ⅳ.①F326.11

中国版本图书馆 CIP 数据核字（2016）第 274988 号

中国农业出版社出版
（北京市朝阳区麦子店街 18 号楼）
（邮政编码 100125）
责任编辑 刘明昌

北京中兴印刷有限公司印刷 新华书店北京发行所发行
2016 年 12 月第 1 版 2016 年 12 月北京第 1 次印刷

开本：720mm×960mm 1/16 印张：9
字数：156 千字
定价：30.00 元
（凡本版图书出现印刷、装订错误，请向出版社发行部调换）

前　　言

　　粮食安全问题在任何时候对世界上任何国家而言都是一个战略性问题，对于我国这样一个拥有 13 亿人口的大国来说，确保粮食有效供给尤为重要。新中国成立以来，特别是改革开放以来，我国粮食产量大幅度增长。1949 年我国粮食总产量只有 11 318 万吨，2015 年达到 62 144 万吨，增长 50 826 万吨，年均递增 2.61%。中国创造了以世界不足 9% 的耕地、6% 左右的淡水，养活占世界近 21% 人口的奇迹。虽然中国粮食生产取得了巨大的成就，但目前粮食安全的基础还不稳固，耕地资源约束更为严峻，农村空心化和农业劳动力老龄化问题更加突出。随着惠农政策边际效应的递减以及中国宏观经济形势的变化，小规模分户经营将成为制约中国粮食生产的重要因素。

　　现代农业的发展既需要生产力层面的跃升与革命，同样也需要生产经营组织层面的创新与提升。在未来的发展进程中，粮食适度规模经营是实现农业现代化、保障国家粮食安全的必然选择。吉林省是享誉国内的著名商品粮生产大省，是"六五"期间我国第一批建设商品粮基地的省份，是全国 13 个粮食主产省（区）之一。研究吉林省粮食生产的适度规模，寻求适合吉林省区域特征的粮食适度规模经营模式，是城镇化、工业化进程中国家粮食安全战略所要解决的重大问题。

　　本书在吸收国内外研究成果的基础上，运用新古典经济学和新制度经济学，以实地调研为基础，采用实证研究方法、案例研究方法和计量经济研究方法等现代经济学研究方法，围绕吉林省粮食生产适度规模经营的实践模式与规模效率这一主题，通过理论上对粮食经营方式诱致性变革的逻辑推导、吉林省具体样本农户生产经营情况的实证检验，得出了吉林省粮食生产的适度规模，分析了各投入要素的发展改进方向，探求了适合吉林省区域特征的粮食适度规模经营最佳实现路径，提出了适合粮食生产适度规模经营的政策改进方案。具体研究内容包括：

（1）吉林省粮食生产状况分析。对吉林省粮食生产条件和粮食生产态势进行描述性分析和总结。从吉林省粮食生产的自然条件（气候条件、水资源条件、耕地资源条件）、社会经济环境、基础设施（农田水利设施、农业科技水平）、商品粮基地建设及惠农政策等方面说明吉林省的粮食生产条件。在粮食生产态势分析中，根据改革开放以来吉林省粮食生产的发展过程分别对吉林省粮食产量的历史变化特征、吉林省粮食生产的土地生产率、劳动生产率和成本利润率等进行分析。

（2）吉林省粮食生产适度规模经营的实践模式分析。目前，吉林省主要有种粮大户规模经营模式、农民专业合作社规模经营模式、农业龙头企业规模经营模式、家庭农场规模经营模式 4 种规模经营模式。运用典型案例分析方法分析吉林省粮食生产适度规模经营不同模式的主要做法和基本特征，剖析吉林省粮食规模化生产过程中面临的主要问题，基于现阶段吉林省实际情况，探索吉林省粮食适度规模经营应发展的重点模式。

（3）吉林省粮食生产规模效率的实证分析。运用数据包络分析（DEA）的计量经济模型，首先从宏观角度对吉林省的粮食生产进行了规模效率分析。分别基于吉林省粮食生产时间序列数据，纵向测算了 1982—2014 年粮食生产静态效率值，运用 2014 年吉林省 14 个粮食生产大县（市）的截面数据测算了粮食生产静态效率值，利用 2005—2014 年 9 个市（州）面板数据对吉林省粮食生产的动态效率值进行了测算。其次，运用调查问卷得到的第一手数据从微观角度对 2015 年吉林省不同粮食生产规模农户的粮食生产规模效率进行了测算。从实证的角度得出了吉林省当前经济社会条件下粮食生产的合理经营规模，非有效生产规模向有效生产规模改进的方向路径及调整幅度的大小。

（4）提高吉林省粮食生产效率的路径选择。从生产经营主体、土地制度和物质要素投入等方面探讨并设计出提高吉林省粮食生产规模效率的有效路径。

（5）吉林省粮食生产适度规模经营的政策建议。结合已有的经验研究以及本研究的实证分析结果，提出促使各种粮食生产要素自由合理流动、供给充足、协调配置的政策建议。

本书是作者吉林大学博士后在站期间的部分研究成果，是吉林省科技厅软科学研究项目"吉林省粮食生产适度规模经营的实践模式与规模效率研究"的研究成果，在撰写过程中，参考了许多专家学者的研究成果，其中部分被引用的资料已于正文和参考文献中作了注释，但也有部分资料其观点和思想曾给予启迪却没有被列出，谨此致谢。

由于本书著者的水平有限，不妥之处在所难免，敬请读者批评指正。

著　者

2016 年 10 月

目　　录

1 绪 论

1.1 选题依据

粮食安全问题在任何时候对世界上任何国家而言都是一个战略性问题，对于我国这样一个拥有 13 亿人口的大国来说，确保粮食有效供给尤为重要。新中国成立以来，特别是改革开放以来，我国粮食产量大幅度增长。1949 年我国粮食总产量只有 11 318 万吨，2015 年达到 62 144 万吨，增长 50 826 万吨，年均递增 2.61%。中国创造了以世界不足 9% 的耕地、6% 左右的淡水，养活占世界近 21% 人口的奇迹。虽然中国粮食生产取得了巨大的成就，但目前中国粮食安全的基础还不稳固，耕地资源约束更为严峻，农村空心化和农业劳动力老龄化问题更加突出。随着惠农政策边际效应的递减以及中国宏观经济形式的变化，小规模分户经营将成为制约中国粮食生产的重要因素。

现代农业的发展既需要生产力层面的跃升与革命，同样也需要生产经营组织层面的创新与提升。在未来的发展进程中，粮食适度规模经营是实现农业现代化、保障国家粮食安全的必然选择。吉林省是享誉国内的著名商品粮生产大省，是"六五"期间我国第一批建设商品粮基地的省份，是全国 13 个粮食主产省（区）之一。研究吉林省粮食生产的适度规模，寻求适合吉林省区域特征的粮食适度规模经营实现路径，是城镇化、工业化进程中国家粮食安全战略所要解决的重大问题。

1.2 研究文献综述

国外关于农业规模经营的研究最早始于英国古典农业经济学家阿瑟·杨（1770），他以追求利润最大化为目标的资本主义农业企业为研究对象，分析了农业生产中各要素的配置比例、生产费用和经营收益的关系，认为资本主义大农场优越于传统小农经济。此后国外学者和实际工作者根据本国的基本国情，采用不同的理论范式得出了许多适合其国情的理论成果和实践经验模式。尽管他们对农业规模经营有效性及农业规模经营与农业生产效率之间关系的看法并不一致，但他们的研究成果对指导我国农业规模经营的研究和实践有一定的借鉴意义。

在探索我国发展农业适度规模经营的过程中，很多专家学者从不同角度进行了研究，得出了很多研究成果，这些研究成果主要集中在以下几个方面：

1.2.1 关于农业适度规模经营内涵的研究

有关农业适度规模经营内涵的研究主要集中在两个方面：一方面的研究成果从定性的角度强调农业的适度规模经营不仅要有规模，更要适度。如胡小平（1994），杨素群（1998），张瑞芝、钱忠好（1999）等指出我国农业适度规模经营的核心内容是农业各生产要素的合理组合并使其实现效益最大化，不能只强调要素的规模扩大。另一方面的研究成果集中在对我国不同区域农业适度经营规模的"度"做出"量"上的判断。如，卫新（2003）通过对 150 户农户的数据资料的研究计算出农户经营耕地的适度规模面积；钱贵霞（2005）利用 10 个粮食主产省 2 349 个粮农的调查资料，构建了粮农生产行为最优规划模型；侯亚南、倪锦丽、郭庆海（2007）对吉林省松辽平原地区进行了系统性研究，运用数学模型预测了该地区的适度规模经营数量；胡初枝、黄贤金（2007）对江苏省铜山县土地适度经营规模进行了测算；吴桢培、蒋和平（2011）对湖南省水稻的最佳种植规模进行了实证分析；吕晨光、杨继瑞、谢菁（2013）通过模型的构建测算了山西省农业规模经营的最佳规模和适度范围；李博伟、张士云、李治坤（2014）从水稻种植农户微观经济效益的角度出发测算了能为农户带来最大收益的适度经营规模。

1.2.2 关于农业适度规模经营必要性的研究

针对我国人多地少的特殊国情，国内经济学界关于农业规模经营的研究存在争议，部分学者对规模经营持反对意见：有的学者认为，在中国普遍推广规模经营对农业生产能力的提高几乎没有任何帮助，相反，可能会给农业带来一系列非常严重的危险和明显的不利。其主要论据有两点：一是规模经营与生产效率成反比关系；二是规模经营会给农业带来严重危险，比如农村社会失去安定、造成巨大数目的剩余劳动力、环境恶化等。国内主流观点还是支持农业规模经营的，大多数学者对变革现有农业经营制度、推进规模经营存在高度共识。农业部农村改革试验区办公室（1994），张光辉（1996），黄祖辉、陈欣欣（1998），孙自铎（2001），卢小广（2006），薛亮（2008），王志刚、申红芳、廖西元（2011），凡兰兴（2013），张红宇（2014）等认为我国农业必须走适度规模经营之路。李练军、徐平（2016）在对我国粮食主产区现代农业发展模式进行分析的基础上，认为粮食主产区实行农业适度规模经营是提高农业经营主体收入的最佳途径。

1.2.3 关于农业适度规模经营模式选择的研究

对于农业适度规模经营的模式，国内学者的观点不尽相同。李相宏（2003）将农业规模经营的模式分为三种：土地集中型、契约型或订单型、市场激励型或集聚型。李忠国（2005）将农民合作组织、农业产业化和土地股份制都作为农业规模经营的实现形式。杨国玉、郝秀英（2005）认为农业经营大户的普遍崛起是农业第二次飞跃出现的标志物，农业大户经营是农业规模经营的主要经营方式。郑文凯、胡建锋（2006）提出两种农业适度规模经营的存在形式：一种是土地集中式农业适度规模经营；另一种形式是合作服务式农业适度规模经营，这一形式又被分成农民专业合作经济组织带动型、农业产业化经营带动型和社会化服务带动型三种类型。石霞（2008）认为土地合作社是我国农业适度规模经营的有效方式；耿玉春（2013）认为家庭农场是农业规模经营的主要模式。蒋和平、蒋辉（2014）认为农业适度规模经营的实现没有固定模式，结合调研案例重点探讨了东部发达地区、西部地区、中部粮食主产区的种植、养殖的适度规模经营情况，概括总结出政府扶持型、龙头企业带动型、农民专业合作组织推动型、"企业＋农户"合作型等几种典型的农业适度规模经营模式。赵鲲

(2016) 指出农户通过加入专业合作社、购买社会化组织服务等形式与新型经营主体共享土地经营权是实现农业规模经营的有效形式。

1.2.4 关于发展农业适度规模经营条件的研究

20 世纪 90 年代以来，国内许多专家学者纷纷对农业适度规模经营需要的条件进行了探讨，任治君（1995），屈茂辉（1998），潘朝辉、杨怀宇（2007），杜国平（2010），杜黎明（2012），贺书霞（2014）等的研究结果表明劳动力转移、农机化水平、社会经济的发展、劳动者素质和非农收入等是推行农业适度规模经营不可缺少的条件。

综上所述，从国内外相关文献来看，对农业适度规模经营的研究已经取得了大量丰硕的研究成果。但是对粮食适度规模经营特别是结合吉林省省情进行分析，关于吉林省粮食适度规模经营的探讨较少。适度规模经营是一个动态演化的概念，因而实现适度规模经营的路径也是一个动态的完善过程，没有一个普适性的模式与规模，应该根据不同地区自身的资源状况、经济社会基础、经营主体能力素质的实际情况估算"适度规模"的数值界域，选择适宜的规模经营模式。本书在借鉴已有研究成果的基础上，从粮食适度规模经营的区域差异性出发，以确保国家粮食安全为落脚点，基于吉林省资源禀赋，探究粮食生产经营主体经济资源配置行为选择机理的根源以及决策行为的效率，寻求优化吉林省粮食适度规模经营的路径，为提高吉林省粮食综合生产能力、保证商品粮有效供给，释放粮食增产潜能，促进农民增收，推进现代农业发展进程提供科学依据。

1.3 研究目标与研究内容

1.3.1 研究目标

本研究的总目标是以吉林省粮食种植农户的生产规模为样本，估算吉林省粮食生产适度规模的数值界域，探索符合吉林省区域特征的粮食适度规模经营模式，提出推进吉林省粮食适度规模经营的政策改进方案。

具体目标：①分析吉林省粮食生产状况；②分析吉林省粮食生产适度规模经营的实践模式；③分析吉林省粮食生产的规模效率；④探讨提高吉

林省粮食生产规模效率的有效路径，提出推进吉林省粮食生产适度规模经营的建议。

1.3.2 研究内容

本研究旨在综合运用新古典经济学和新制度经济学，以现阶段吉林省采用比较普遍的粮食生产适度规模经营模式为典型案例，研究在吉林省当前经济社会条件下，粮食生产适度规模经营的最佳模式和合理规模，探索符合吉林省区域特征的粮食适度规模经营实现路径，提出推进吉林省粮食适度规模经营的政策改进方案。主要研究内容包括以下 5 个部分：

（1）吉林省粮食生产状况分析

对吉林省粮食生产条件和粮食生产态势进行描述性分析和总结。从吉林省粮食生产的自然条件（气候条件、水资源条件、耕地资源条件）、社会经济环境、基础设施（农田水利设施、农业科技水平）、商品粮基地建设及惠农政策等方面说明吉林省的粮食生产条件。在粮食生产态势分析中，根据改革开放以来吉林省粮食生产的发展过程分别对吉林省粮食产量的历史变化特征、吉林省粮食生产的土地生产率、劳动生产率和成本利润率等进行分析。

（2）吉林省粮食生产适度规模经营的实践模式分析

目前吉林省在发展粮食生产适度规模经营过程中主要采取 4 种模式，即种粮大户规模经营模式、农民专业合作社规模经营模式、农业产业化龙头企业规模经营模式和家庭农场规模经营模式。本部分拟用典型案例分析的方法分析不同模式的主要做法和基本特征，确定现阶段吉林省粮食生产适度规模经营应重点发展的模式。

（3）吉林省粮食生产规模效率的实证分析

本部分基于吉林省粮食生产时间序列数据、吉林省产粮大县（市）截面数据、吉林省各市（州）面板数据从宏观层面对吉林省粮食生产规模效率进行分析，并以吉林省粮食种植农户的生产规模为样本，从微观层面计算出吉林省粮食种植农户的合理经营规模。具体看，运用统计分析和非参数数据包络分析方法，测算出吉林省粮食生产的静态效率值，动态效率值，农户不同粮食种植规模的技术效率、规模效率和综合效率，比较选择相对的合理经营规模，分析出非有效生产规模向有效生产规模改进的方向路径及调整幅度的大小。

（4）提高吉林省粮食生产规模效率的路径选择

以测算出的粮农合理经营规模水平为出发点，重点从生产经营主体、土地制度和物质要素投入等方面系统分析提高吉林省粮食生产规模效率的有效路径。

（5）吉林省粮食生产适度规模经营的政策建议

结合已有的经验研究以及本研究的实证分析结果，提出促使各种粮食生产要素自由合理流动、供给充足、协调配置的政策建议，以期为吉林省粮食适度规模经营顺利推进、提高吉林省粮食综合生产能力、释放粮食增产潜能，促进农民增收服务。

1.4 研究方法与技术路线

1.4.1 研究方法

本研究以现代经济学方法为基础，主要采用以实证分析为主，规范分析与实证分析相结合；以定量分析为主，定性分析与定量分析相结合；问卷调查研究与专家咨询相结合以及案例研究等的综合研究方法开展研究。主要研究方法如下：

（1）实证研究方法

本研究建立在实证分析的基础上，客观地揭示吉林省粮食生产的基本状况；通过对吉林省粮食种植农户生产情况实际数据的研究，探寻吉林省粮食种植的合理规模。

（2）案例研究方法

本研究通过对吉林省粮食适度规模经营 4 种模式的具体典型案例分析，探索最佳的经营模式，通过具体的案例来探讨隐藏的经济原理，总结粮食生产适度规模发展的基本规律。

（3）计量经济研究方法

本研究通过统计数据和发放问卷收集一手数据，运用数据包络分析（DEA）的计量经济模型，测算不同决策单元的相对效率，根据计量结果运用投影分析对非效率的决策单元提出改进的方向与调整幅度的大小。

1.4.2 技术路线

本书研究的技术路线如图 1-1 所示。

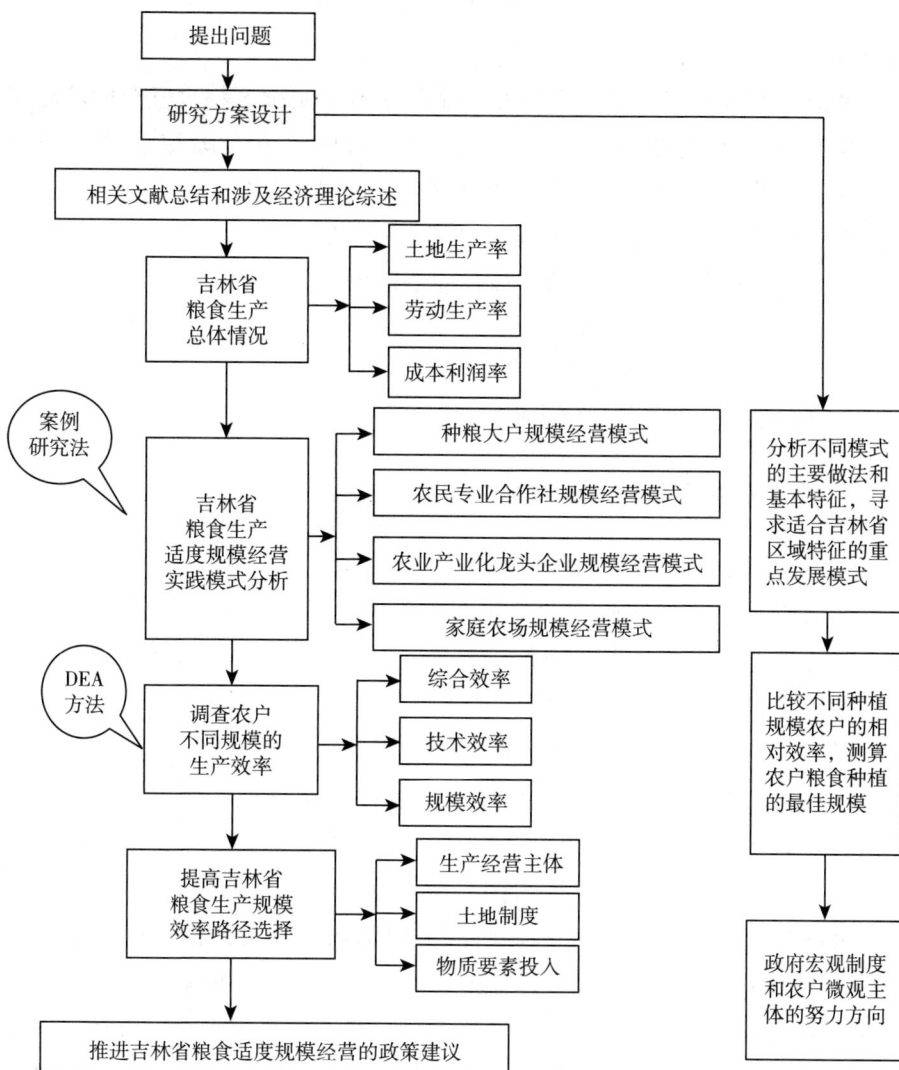

图 1-1 技术路线

2　吉林省粮食生产状况分析

　　吉林省是享誉国内的著名商品粮生产大省，是国家粮食安全的战略基地。2014年吉林省粮食产量达到3 532.8万吨，占全国粮食总产量的5.82%；人均粮食占有量达到1 284千克，是全国平均水平的2.89倍。自改革开放以来，吉林省为国家提供了1/10的商品粮，最高年份为国家储存1/2的专储粮，为维护国家粮食安全做出了巨大贡献，在我国粮食安全保障体系中占有不可动摇的地位。

2.1　吉林省粮食生产条件

2.1.1　吉林省粮食生产的自然条件

（1）气候条件

　　吉林省地处北半球的中纬地带，欧亚大陆的东部，我国温带的最北部，接近亚寒带。吉林省东部距黄海和日本海较近，气候湿润多雨；西部远离海洋，接近干燥的蒙古高原，气候干燥，全省范围内形成了显著的温带大陆性季风气候特点，四季分明，雨热同季，春季干燥风大，夏季高温多雨，秋季天高气爽，冬季寒冷漫长。全省大部分地区年均气温在2～6℃范围内，全年日照2 200～3 000小时，夏季最多、冬季最少，西部较多、东部较少。年活动积温平均在2 700～3 200℃。全省年降水量一般在400～900毫米，东南部降水多，西部平原降水少。长白山地区的年降水量最多，为1 349毫米，镇赉县年降水量最少，为389毫米。自东部向西部有明显的湿润、半湿润和半干旱的差异。受季风气候影响，吉林省四季降水量以夏季最多，占全年降水量的60%以上。全省全年无霜期一般为110～160天，无霜期中部以西150天左右，东部山区130天左右。初霜期一般在9月下旬，终霜在4月下旬至5月中旬。吉林省的霜期东部山区早，西部平原晚。长白山天池一带初霜出现在 8 月末至 9 月初，平原地区出现在 9 月下旬。西部平原终霜在 4 月下旬，中部和东部在 5 月上、中旬。吉林省的气候条件对一季作物生长十分有利，并且由于纬度的原因，使吉林省成为世界著名的三大"黄金玉米带"之一，因此成为我国重要的商品粮基地。

（2）水资源条件

吉林省境内共有河流 1 119 条，年径流量为 450 亿立方米，其中长度在 30 公里以上的河流有 220 多条，形成了松花江、图们江、鸭绿江、绥芬河和辽河等 5 个流域及第二松花江、浑江、拉林河、鸭绿江（干流）和牡丹江五大水系。境内主要湖泊有长白山天池、松花湖、查干湖、月亮泡和波罗泡等 10 多个，其中大部分分布于吉林省的中西部。吉林省是水资源短缺的省份，2003—2014 年吉林省降水总量年平均值为 1 160.04 亿立方米，水资源总量年平均值为 397.56 亿立方米，地表水资源量年平均值为 352.24 亿立方米，可见吉林省近 90% 的水资源来自于地表水。从变化趋势看，水资源总量、地表水资源量和降水总量年际波动起伏，在 2010 年均达到最高点；总用水量基本保持稳定，总体呈上升态势，2003—2014 年均值为 113.26 亿立方米，其中农田灌溉用水最多，为 70.94 亿立方米，占总用水量的 62.78%（表 2 - 1）。

表 2 - 1　吉林省水资源情况

单位：亿立方米，%

年份	降水总量	地表水资源量	水资源总量	总用水量	农田灌溉用水量	农田灌溉用水占总用水比重
2003	1 060.57	263.28	314.42	101.61	68.74	67.65
2004	1 027.90	278.44	323.71	99.19	63.77	64.29
2005	1 320.76	491.94	562.16	98.39	63.59	64.63
2006	1 069.65	298.44	353.63	102.90	67.51	65.61
2007	1 027.85	301.54	346.04	100.78	64.58	64.08
2008	1 109.56	276.58	332.01	104.08	65.96	63.37
2009	1 026.90	258.21	298.04	111.09	67.61	60.86
2010	1 496.98	622.07	686.68	120.04	69.80	58.15

（续）

年份	降水总量	地表水资源量	水资源总量	总用水量	农田灌溉用水量	农田灌溉用水占总用水比重
2011	939.29	262.88	324.64	131.23	78.08	59.50
2012	1 385.99	387.33	315.89	125.37	76.47	61.00
2013	1 483.99	535.20	607.41	131.48	81.91	62.30
2014	971.09	251.02	306.03	132.98	83.31	61.90
平均	1 160.04	352.24	397.56	113.26	70.94	62.78

数据来源：吉林省水利厅。

　　吉林省水资源时空分布不均衡。从时间分布看，吉林省降水量主要集中在 6—9 月，汛期降水量占全年降水量的 50%～80%。从空间分布看，吉林省年降水量自东向西呈递减趋势。东部长白山区年降水量 800～1 270 毫米，为全省的高值区；西部平原区年降水量 400 毫米左右，为全省的低值区。2010—2014 年吉林省东部地区年降水总量平均为 183.64×10^8 立方米，西部地区 104.01×10^8 立方米。全省地表水资源分布也不均衡，从东部山区到西部平原区，年径流深由 1 000 毫米减至 25 毫米左右，地表水资源量由 82.45×10^8 立方米减至 2.76×10^8 立方米。就人均水资源占有量而言，东部地区为 4 387.53 立方米/人，中部地区为 951.42 立方米/人，西部地区为 781.19 立方米/人。白山市的人均水资源占有量最高达到 6 124.70 立方米/人，长春市由于人口数量大，人均水资源占有量最低为 389.21 立方米/人（表 2-2）。

表 2-2　2010—2014 年吉林省各地区平均水资源情况

地区		年降水量（10^8 立方米）	地表水资源量（10^8 立方米）	水资源总量（10^8 立方米）	人均水资源占有量（立方米/人）
东部	通化	121.66	52.32	53.04	2 368.58
	白山	144.11	77.84	78.24	6 124.70
	延边	285.16	117.19	117.78	5 453.62
	平均	183.64	82.45	83.02	4 387.53
中部	长春	114.87	13.31	29.42	389.21
	吉林	213.66	93.07	96.57	2 241.07

（续）

地区		年降水量 （10^8 立方米）	地表水资源量 （10^8 立方米）	水资源总量 （10^8 立方米）	人均水资源占有量 （立方米/人）
	四平	69.42	9.61	16.84	504.35
	辽源	38.24	12.93	13.47	1 101.14
	平均	109.05	32.23	39.08	951.42
西部	白城	111.14	3.84	23.27	1 161.08
	松原	96.87	1.67	14.79	515.73
	平均	104.01	2.76	19.03	781.19

数据来源：根据《吉林省水资源公报》（2010—2014 年）相关数据计算而得。

（3）耕地资源条件

目前吉林省土地面积 1 911.2×10^4 公顷，其中农用地面积 1 639.3×10^4 公顷、建设用地面积 106.5×10^4 公顷、未利用地面积 165.4×10^4 公顷。农用地面积中，耕地占 36.25%、园地占 0.70%、林地占 49.14%、牧草地占 6.37%、其他农用地占 7.54%。建设用地中，居民点及工矿用地占 79.06%、交通运输用地占 6.29%、水利设施用地占 14.65%。吉林省有世界闻名的黑土带，黑土面积约 110 万公顷，黑土耕地约 83.2 万公顷，占全省耕地面积的 15.6%，黑土区粮食产量占全省一半以上。吉林省的土壤质量和结构较好，土壤共有土类 19 个、亚类 73 个、土属 161个、土种 543 个，其中黑土、黑钙土、草甸土、淡黑土等肥力较高的土壤占 52%，土壤有机质含量丰富。与全国总体情况相比较，吉林省土地总面积约占全国的 2%，耕地占全国的 4.4% 左右，基本农田占全国的4.4% 左右。基本农田保护率 86.9%，与主要产粮省份基本一致。人均耕地 3.05 亩，是全国平均水平的两倍，与世界平均水平大致相当。

吉林省土地资源在结构上表现为以农用地为主体，"三多一少"：农用地多（包括耕地、林地、草地、农田水利用地、养殖水面等），总面积约1 640 万公顷，占土地总面积的 86%，高出全国平均水平 17 个百分点；耕地多，耕地总量约占土地总面积的 30%，在全国排第 9 位；后备资源多，全省共有 104.6 万公顷未利用地可作为后备土地资源，其中宜农地30.59 万公顷；还有各类工矿废弃地和灾毁土地 11.4 万公顷；建设用地少（包括居民点及工矿用地、交通运输用地和水利设施用地），总面积约106 万公顷，占土地总面积的 5.5%。布局上表现为区域差异显著，大致呈现出东林、中农、西牧的格局：东部以林地为主，占东部总面积的87.8%；中部以耕地为主，占中部总面积的 61.7%；西部草地、湿地和荒地较多，占西部总面积的 36.6%。

2.1.2 吉林省粮食生产的社会经济环境

自改革开放以来，吉林省经济稳步增长，经济水平不断迈上新台阶。全省地区生产总值 1982 年为 121.67 亿元，1995 年突破 1 000 亿元，2007年突破 5 000 亿元，2011 年首次跨越万亿元大关，为 10 568.83 亿元。2014 年吉林省 GDP 达到 13 803.14 亿元，是 1982 年的 113 倍，年均增长15.93%。其中，第一产业增加值 1 524.01 亿元、第二产业增加值7 286.59 亿元、第三产业增加值 4 992.54 亿元，人均生产总值 50 160 元。全省三次产业的比重分别为 11.0%、52.8%、36.2%。第二产业已经占据了半壁江山。全国同期的比例为 9.2∶42.7∶48.1。吉林省第一产业比重比全国平均水平高 1.8%，第二产业比重比全国平均水平高 10.1%，第三产业比全国平均水平低 11.9%（图 2-1）。可以看出，吉林省第一产业比重偏大，第三产业比重偏小。就业结构与产业结构变化趋势相吻合，但偏离比较明显，第一产业增加值占 GDP 仅为 11.0%，但就业却占36.9%，偏离 25.9%，说明农业中需要大量劳动力转移出来，而第二产业增加值占 GDP 为 52.8%，但就业仅占 23.8%，偏离－29.0%，工业增长带动就业岗位的增加极为有限。这一方面由于已转移出来的农业劳动力被计算到第一产业中了，另一方面也说明资本密集型工业在吉林省中占主导，对劳动力吸收能力较弱。截至 2014 年末，吉林省总人口 2 752.38 万人，其中，城镇人口 1 508.58 万人、乡村人口 1 243.80 万人。2014 年吉林省地方财政收入实现 1 203.38 亿元；城镇居民人均可支配收入和农民人均纯收入分别实现 23 217.82 元和 10 780.12 元，其中城镇居民人均可支配收入同比增长 4.23%，农民人均纯收入同比增长 12.05%。

吉林省是我国 13 个粮食主产省（区）之一，玉米生产大省。2014 年全省农林牧渔业增加值为 1 570.01 亿元，比上年增加 4.02%。其中，农

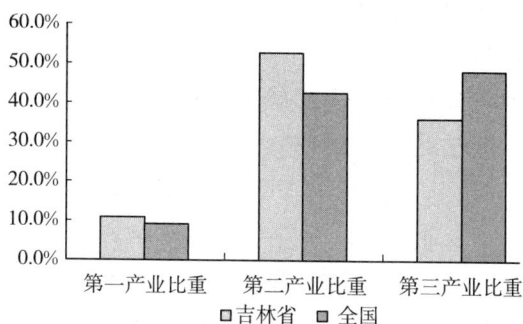

图 2-1 2014 年吉林省与全国第一、第二、第三产业比重情况

数据来源：《中国统计年鉴（2015 年）》。

业增加值为 889.01 亿元、林业增加值为 65.00 亿元、牧业增加值为 546.00 亿元、渔业增加值为 24.00 亿元。2004 年以后，随着国家一系列支农惠农政策的出台，农民种粮积极性得到了很大提高，2014 年吉林省粮食播种面积 5 00.07 万公顷，粮食总产量达到 3 532.80 万吨，占全国的 5.82%，其中玉米产量占全国玉米总产量的 12.68%；猪、牛、羊、禽出栏量分别达到 1 721.1 万头、430.9 万头、410.8 万只和 15 018.0 万只；肉、蛋、奶产量分别达到 261.94 万吨、98.50 万吨和 49.31 万吨。近年来，吉林省紧紧抓住国家高度重视保障国家粮食安全、全面推进现代农业和新农村建设等重大发展机遇，立足自身资源优势和产业优势，不断加大农村经济结构战略性调整，大力推进农业产业化经营，突出发展优质粮食、精品畜牧业、绿色食品产业等，稳步推进农业现代化进程。启动了增产百亿斤商品粮十大工程 29 个项目，建设了农业生态、节水、全程机械化、科技 4 个示范区；2014 年全省农村固定资产投资 231.7 亿元，治理水土流失面积 1 67.02 万公顷，农田有效灌溉面积 1 62.88 万公顷，农村用电量 48.8 亿千瓦时，农业机械总动力 2 919.1 万千瓦，耕种收综合机械化水平达到 78%；农作物主导品种 50 个、主推技术 21 项；农民合作社总量达到 52 065 个。在新农村建设方面，近五年来建设省、市、县、乡四级试点村和推进村 3 331 个、试点镇 108 个、整体推进县 10 个；"千村示范、万村提升"工程启动实施，累计完成项目 1.86 万个，总投资 501 亿元。

　　吉林省是我国重要的老工业基地，经过 60 多年的建设与发展，工业结构不断优化，主导产业迅速扩大，传统产业改造升级迈出重大步伐，形成以汽车、石化、农产品加工为主的三大支柱产业，以医药、光电子信息为主体的优势产业，建成了门类比较齐全的现代工业体系。2014 年，全省规模以上工业企业 5 311 个，规模以上工业总产值 23 540 亿元，实现利润 1 445.89 亿元。目前，吉林省工业化仍处于中期阶段，工业化率为 41%，比沿海发达地区低 7~8 个百分点。经济社会发展与人口、资源、环境的矛盾仍然比较突出，能源消耗大，资源环境成本高，单位 GDP 能耗为 1.21 吨标准煤/万元，接近发达地区的 2 倍。

从城镇化发展水平看，在计划经济时代，吉林省以老工业基地建设为基础，形成了较高的城镇化率，1978 年已达 36%，高于全国平均水平 18 个百分点。2000 年后吉林省城镇化水平增速趋缓，平均年提高 0.55 个百分点，而同期全国城镇化年提高 1.35 个百分点，吉林增速明显不及全国水平的一半，2014 年吉林省城镇化率为 54.81%，与全国平均水平 54.77% 基本持平。

吉林省在新中国成立后就是一个交通较为发达的省份。境内铁路纵横交错。截至 2014 年末，吉林省铁路正线延展长度 4 441 公里，每百平方公里拥有铁路 2.37 公里，是全国平均水平的近 2 倍，营业里程为 3 588 公里。吉林省公路以长春为中心，呈辐射状网络。1978 年全省公路通车里程为 2.38 万公里，2014 年达到 9.60 万公里。全省高速公路通车里程达到 2 348 公里，等级公路达到 88 667 公里。农村公路达到 70 609 公里，其中县级公路 6 221 公里，乡级公路 27 323 公里，村级公路 37 065 公里，乡镇通水泥（沥青）路率为 99.2%，行政村通水泥（沥青）路率为 81.4%。发达的铁路和公路为粮食流通提供了良好的交通运输条件。

2.1.3 吉林省粮食生产基础设施建设

（1）农田水利设施

近年来国家增加了对吉林省农田水利基础设施的投资，使吉林省农田水利设施总体状况得到了一定改善，抗御水旱灾害能力显著提高，为粮食安全提供农田水利保障和支撑。吉林省已基本形成了比较完整的蓄水、引水、提水、排水、供水、防洪相配套的农村水利工程体系。目前全省共建成万亩*以上灌区 137 处，其中 30 万亩以上大型灌区 12 处，小型灌区 4 328 处，水田有效灌溉面积 960 万亩。建设治理 30 万亩以上大型涝区 11 片，7.5 万亩以上重点涝区 43 片，全省 1 746 万亩易涝耕地有 1 328 万亩达到 5 年一遇以上治涝标准。建成大型水库 9 座、中型水库 94 座、小型水库 1 515 座，小型塘坝 10 038 座，蓄水能力 95.5 亿立方米。全省共有各类农田机电井 23.1 万眼，建成节水灌溉示范区 82 处，发展旱田节水灌溉面积 1 161 万亩，占旱田耕地面积的 15.7%，其中喷灌 338 万亩，微滴灌 261 万亩，管灌 562 万亩。实现春季抗旱坐水种面积 2 168 万亩。1982 年吉林省农田有效灌溉面积 73.35 万公顷，2014 年达到 162.88 万公顷，增加 89.53 万公顷，年均增长 2.52%（图 2 - 2）。截至 2015 年，累计开展大中型灌区节水配套改造项目 91 个，共完成灌排渠系整治衬砌 1 700 余公里，配套改造渠系建筑物约 8 000 座。累计投入现代农业生产发展资金 17.68 亿元。通过项目建设，全省大中型灌区灌排条件得到明显改善，效益明显提高。据统计，现代农业项目区灌排渠系和建筑物配套率从 60%提高到 80%，完好率从 68%提高到 90%；灌排渠系输水效益明显提高，农田灌溉周期由原来的 8～12 天缩短为现在的 6～8 天，灌溉保证率大幅度提高。农田水利建设的不断完善和发展，增强了全省粮食生产抵抗自然灾害的能力，为粮食生产的丰收提供了强有力的保障。

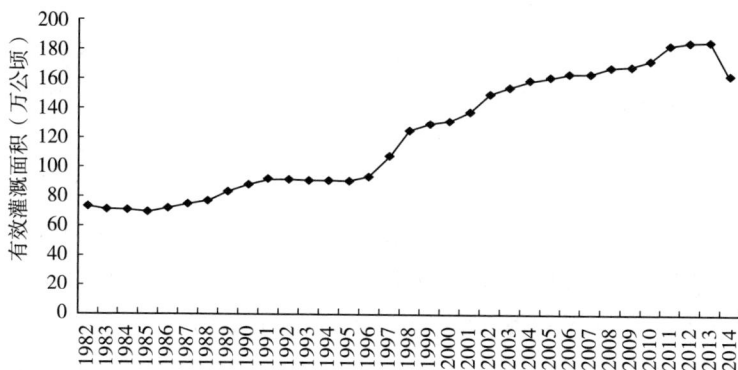

图 2 - 2　1982—2014 年吉林省有效灌溉面积

数据来源：《中国统计年鉴（2015 年）》。

---

* 亩为非法定计量单位，1 亩＝1/15 公顷。——编者注

（2）农业科技水平

一是良种的培育与推广。2003年以来，吉林省累计培育农作物新品种400多个，主要农作物的良种普及率达到98％以上，其中有20个以上农作物新品种种植面积超过百万亩。自20世纪80年代以来，吉林省粮食基本每十年增产50亿千克，每次粮食产量的增加都伴随着粮食品种的更新换代。20世纪80年代，由于第一代玉米杂交种推广应用，吉林省粮食产量很快达到150亿千克水平；20世纪90年代，由于第二代高产抗病育种成功，吉林省粮食产量达到200亿千克水平；进入21世纪，以郑单958为代表的抗病高产耐密品种培育成功，吉林省粮食产量达到250亿千克水平。目前，吉林省的良种繁育和推广工程主要有吉林省农科院、公主岭、梨树、伊通四个玉米良种繁育基地，和龙、德惠两个水稻良种繁育基地，磐石高油大豆良种基地，国家转基因大豆检测吉林省分中心以及国家玉米改良中心公主岭分中心等。二是培育科技示范园、示范场、示范户。目前，吉林省拥有20个较高标准的科技示范园、300个科技示范场，达到国家基本要求的科技示范农户2万多户，辐射带动其他农户40多万户。三是耕作及栽培制度改革。为防止低温、冷害、干旱对粮食作物产量的影响，吉林省农业科技部门将地膜覆盖、旱田化学除草、玉米种子包衣技术、节水灌溉、大垄双行等农业新技术和科技成果组装配套，形成科学合理的新栽培技术，加快了对传统农业种植方式改革，增产效果显著。四是其他增产技术的应用。如表2-3所示，2004—2007年，吉林省生物防螟、农田灭鼠、测土配方施肥三项技术每年推广1 000万亩。2007年后吉林省加大了这三项粮食增产技术的推广，并推广了地膜技术和等离子种子处理技术，这五项技术推广面积逐年递增。2004年以来，吉林省重大技术补贴资金累计达到4.23亿元，生物防螟、农田灭鼠、测土施肥、种子等离子处理、地膜等技术累计推广面积达到4亿亩。2014年粮食总产达到353.28亿千克，单产实现470.98千克/亩，均创历史最高水平。五是机械技术的应用。如表2-4所示，随着吉林省经济实力的不断增长，工业化水平的不断提高，实现工业反哺农业的水平也得到了很大的提高，农业机械总动力呈现持续上升的趋势。2003年吉林省农业机械总动力1 231万千瓦，2014年达到2 919万千瓦，是2003年的2.37倍；2014年拖拉机保有量 114 万台，是 2003 年的 2.24 倍，主要农业机械中农用大中型农用拖拉机 48.08 万台，小型农业拖拉机全省拥有量达到 66.08 万台，农用排灌机械 46.12 万台，农用水泵 59.48 万台；随着农业机械化水平的提高，省工、省时、省力、效率高且跨区作业的耕整机、联合收割机发展迅猛，2014 年吉林省拥有联合收割机 46 677 台；机械耕地作业面积、机械播种面积、机械收获面积分别达到 7 470 万亩、7 507 万亩和 4 376 万亩，分别是 2003 年的 3.35 倍、2.39 倍和 59.95 倍，机械收获面积大幅度增加；机耕、机播、机收水平由 2003 年的 28％、44％和 1％分别上升到 2014 年的 89％、89％和 52％，综合机械化水平由 2003 年的 25％上升到 2014 年的 78％。从省内各地来看，机耕水平最高的是四平市，机耕面积占耕地面积的比重为 88.96％；机播水平最高的是白城市，机播面积占耕地面积的比重为 87.26％，四平市的机播水平仅次于白城市，机播面积占耕地面积的比重为 85.87％；松原市的农业机械总动力最高，达到 580.08 万千瓦；白山市机耕和机播水平最低，分别为 46.47％和 23.11％，农业机械总动力最低，为 45.49 万千瓦。吉林省农业机械水平的不断提高，减轻了农民人工劳动生产强度，提高了劳动的生产力水平，农业现代化程度不断提高，加快了吉林省由传统农业向现代农业的转变。通过劳动替代型农用机械设备的不断投入使用，克服了农业劳动者不断减少的趋势，但对于农业劳动者素质也提出了更高的要求。

表 2-3　吉林省重大技术补贴推广情况

年份	补贴资金（万元）	生物防治玉米螟推广面积（万亩）	农区统一灭鼠推广面积（万亩）	测土配方施肥推广面积（万亩）	地膜玉米技术（万亩）	等离子种子处理技术（万亩）
2004	2 500	1 000	1 000	1 000	—	—
2005	2 500	1 000	1 000	1 000	—	—
2006	2 500	1 000	1 000	1 000	—	—
2007	2 500	1 000	1 000	1 000	—	—
2008	3 500	1 200	500	2 100	26	300
2009	7 839	2 030	1 232	1 991	60	400
2010	8 000	3 500	1 400	6 400	100	600

（续）

年份	补贴资金 （万元）	生物防治玉米 螟推广面积 （万亩）	农区统一灭 鼠推广面积 （万亩）	测土配方施 肥推广面积 （万亩）	地膜玉米 技术 （万亩）	等离子种子 处理技术 （万亩）
2011	13 000	3 600	1 700	—	100	700

数据来源：吉林省农委。

表 2-4 吉林省农业机械化发展情况

年份	农业机械 总动力 （万千瓦）	拖拉机 保有量 （万台）	机械耕地 作业面积 （万亩）	机耕水平 （%）	机械播种 作业面积 （万亩）	机播水平 （%）	机械收获 作业面积 （万亩）	机收水平 （%）	综合机械 化水平
2003	1 231	51	2 233	28	3 135	44	73	1	25
2004	1 320	56	2 745	33	3 285	45	90	1	27
2005	1 471	63	2 759	33	3 423	46	180	2	28
2006	1 572	68	2 964	36	3 636	49	260	4	30
2007	1 678	72	4 665	56	4 002	54	450	7	41
2008	1 800	77	5 688	69	4 328	58	720	11	48
2009	2 001	84	5 889	71	5 220	70	1 140	19	55
2010	2 145	91	6 110	80	5 592	68	1 704	22	59
2011	2 355	99	6 785	83	6 278	80	2 352	30	66
2012	2 555	106	7 499	86	7 055	89	3 134	39	73
2013	2 727	111	7 382	85	7 350	85	3 695	43	72
2014	2 919	114	7 470	89	7 507	89	4 376	52	78

数据来源：吉林省农委。

表 2-5 2013 年吉林省各市（州）农业机械化发展情况

地　区	机耕水平（%）	机播水平（%）	农业机械总动力（万千瓦）
长春市	79.14	83.85	554.81
吉林市	88.11	76.40	351.94
四平市	88.96	85.87	279.93
辽源市	85.08	67.00	121.84
通化市	84.92	50.26	159.52
白山市	46.47	23.11	45.49

（续）

地　　区	机耕水平（%）	机播水平（%）	农业机械总动力（万千瓦）
松原市	76.05	80.11	580.08
白城市	72.14	87.26	438.08
延边朝鲜族自治州	86.16	83.39	194.91

数据来源：《吉林统计年鉴（2014 年）》。

2.1.4　商品粮基地建设

　　"六五"期间国家开始对商品粮基地进行试点建设，商品粮基地县建设的原则是：①粮食生产条件较好，高产稳产农田比重较大，余粮较多的地区；②人均占有粮食数量多，商品率高，增产潜力大，且投资少见效快的地区；③粮食生产集中连片，自然条件和生产条件基本类似，便于统一规划、建设和布局生产的地区；④以粮食生产为中心，粮食生产用地与经济作物和其他作物生产用地矛盾不大，交通运输方便的地区。吉林省根据此原则在"六五"期间建设了 6 个商品粮基地县。6 个商品粮基地县是位于松辽平原腹部、农业生产条件十分优越的粮食生产大县，分别是长春市的榆树、德惠、农安，四平市的公主岭、梨树，松原市的扶余。按照1985 年的统计，6 个县的农业人口为 464.8 万人，占当时全省农业人口的31%；耕地面积 146.95 万公顷，占全省耕地面积的 36%；粮食播种面积127.35 万公顷，占全省粮食总播种面积的 38.8%。

　　随着商品粮基地在粮食增产方面的作用凸显，国家在"七五"和"八五"期间进行了大规模的商品粮基地建设，吉林省的商品粮基地县（市、区）也由原来的 6 个增加到 28 个。分别为榆树、农安、德惠、九台、双阳、长春市郊区、永吉、舒兰、蛟河、磐石、桦甸、公主岭、梨树、伊通、双辽、东丰、东辽、梅河口、柳河、辉南、扶余、前郭、长岭、乾安、洮南、大安、敦化、龙井。其中玉米出口基地 15 个，主要集中在长春和吉林周边，其他的 13 个商品粮基地县（市、区）分布在中部偏东的位置。

　　进入"九五"之后，国家改变了以往以县作为商品粮基地建设投资单

· 19 ·

位的做法，改为以地区为单位，加强大区域的建设。全国共划分为 20 个大片基地，吉林省的长春、松原、白城被择优选中。这三个地区的总建设投资为 3 亿元，仍然采取中央和地方 1∶1 配套的方式进行。从 1996 年开始投资建设，项目建设期为 5 年。本期的资金投放单位为地区，目的在于在一个较大的区域之内实施大型的水利工程设施建设，此外还包括种子工程和农机工程的建设。

从 2000 年开始，国家大型商品粮基地建设的主要目标由单纯追求提高粮食产量向产量和质量并重发展转变。同时，国家还加大了大型商品粮基地建设的投入力度，中央投资规模由每年 2 亿元增加到 4 亿元。在建设内容和投资安排上，除了继续加强农田水利等基础设施建设和良种繁育体系建设外，还大力扶持地方农业科研单位的发展，加快高产、优质、高效粮食新品种的培育和先进技术的开发、集成、示范和推广，提高大型商品粮基地粮食生产的科技含量，促进粮食生产增长方式的转变。

2014 年吉林省商品粮基地的农业人口为 1 038.59 万人，占全省农业人口的 72.96%；耕地面积 453 万公顷，占全省耕地面积的 80.60%；粮食播种面积 402 万公顷，占全省粮食总播种面积的 80.44%；粮食产量 3 137 万吨，占全省粮食产量的 88.78%；平均粮食单产是全省的 1.03 倍，其中公主岭粮食单产达到 10 068 千克/公顷，是全省的 1.43 倍（表 2 - 6）。吉林省商品粮基地以生产玉米为主，商品粮基地的玉米产量占粮食总产量的 90% 以上。

表 2 - 6　2014 年吉林省商品粮基地县基本情况

市、县	农业人口（人）	耕地面积（公顷）	粮食播种面积（公顷）	粮食总产量（吨）	每公顷粮食产量（千克）
全省	14 235 000	5 620 000	5 000 700	35 328 000	7 065
农安县	866 915	377 510	353 745	3 000 963	8 483
九台市	523 512	181 827	155 640	1 087 480	6 987
榆树市	1 071 709	391 035	355 060	3 349 885	9 435
德惠市	682 368	217 259	200 893	1 510 165	7 517
永吉县	306 049	70 737	79 740	538 544	6 754
蛟河市	276 253	112 250	103 400	600 253	5 805

（续）

市、县	农业人口（人）	耕地面积（公顷）	粮食播种面积（公顷）	粮食总产量（吨）	每公顷粮食产量（千克）
桦甸市	258 064	86 640	109 120	685 672	6 284
舒兰市	454 442	140 246	132 233	927 465	7 014
磐石市	362 411	104 710	107 233	732 752	6 833
梨树县	624 791	213 649	220 447	2 117 456	9 605
伊通满族自治县	377 596	124 211	117 533	1 018 838	8 669
公主岭市	490 144	285 912	304 072	3 061 446	10 068
双辽市	272 653	174 436	148 293	1 136 312	7 663
东丰县	295 156	130 491	112 587	831 227	7 383
东辽县	277 367	108 277	87 339	589 574	6 750
通化县	155 742	29 093	25 413	156 616	6 163
辉南县	185 520	77 222	70 845	501 426	7 078
梅河口市	357 710	104 000	88 189	547 138	6 204
前郭尔罗斯蒙古族自治县	429 774	306 825	240 867	2 026 785	8 415
长岭县	532 619	332 569	239 400	1 628 982	6 804
扶余市	652 977	320 942	241 340	2 112 292	8 752
镇赉县	173 377	193 582	149 860	1 017 579	6 790
洮南市	284 520	184 630	147 987	903 170	6 103
大安市	261 763	105 528	111 067	790 317	7 116
敦化市	212 504	154 100	120 136	493 598	4 109

数据来源：《吉林统计年鉴（2015 年）》。

2.1.5　吉林省惠农政策

近年来吉林省支持农业和农村发展的政策体系不断健全和完善，实施了"四减免"和"四补贴"等支农惠农政策。"四减免"是指农业税、农业特产税、牧业税和屠宰税的取消，"四补贴"是指粮食直接补贴、农资综合补贴、良种补贴和农机具购置补贴。2003—2009 年，吉林省农民通过减免税费、享受政策补贴直接累计受益 404 亿元，其中："四减免"补助 145 亿元，粮食直补 110.7 亿元，农资综合直补 112.5 亿元，农机购置补贴 15.6 亿元，良种补贴 20.4 亿元。2009 年各项补贴达到 78 亿元，是 2004 年的 4.5 倍。2005 年以来，中央财政实施产粮大县奖励政策。截至 2009 年，吉林省累计落实奖励资金 63.8 亿元，42 个县（市、区）受益。

2011 年吉林省用于"三农"方面的支出达到 636.6 亿元，比 2010 年增加 101 亿元，增长 18.9%。筹措拨付资金 161.8 亿元，支持以增产百亿斤商品粮能力建设为核心的农业综合开发、农村土地整治、农业产业化、农业科技推广、现代农业产业技术体系、农田水利基础设施建设等。筹措拨付资金 94.9 亿元，用于粮食直补、农资综合补贴、良种补贴、农机具购置、增产技术和农业保险保费等各项惠农补贴。筹措拨付资金 5.6 亿元，用于家电、摩托车和一汽自主品牌产品下乡补贴，拉动农村消费 50.6 亿元，支持扩大农村消费需求。筹措拨付资金 15 亿元，促进村级公益事业一事一议财政奖补全面铺开，开展剩余农村义务教育债务化解工作。在全省 48 个市、县（区）开展粮食直补资金担保贷款工作，金融机构累计发放贷款 50.1 亿元，有 30.2 万农户受益。

2012 年吉林省加大"三农"投入，促进农业增效和农民增收。促进提高粮食生产能力，筹措拨付资金 133.1 亿元，重点用于以增产百亿斤商品粮能力建设为核心的农业综合开发、农业基础设施建设、农业科技推广、生态环境保护、农业产业化经营和开展节水增粮行动等。落实各项惠农补贴，筹措拨付资金 107.6 亿元，全面落实粮食直补、农资综合补贴、良种补贴、农机具购置补贴、增产技术补贴、农业保险等补贴政策，促进农民持续增收。扩大农村消费需求，筹措拨付资金 5.6 亿元，用于家电下乡、摩托车下乡补贴，拉动农村消费 42.1 亿元。推进农村综合改革，筹措拨付资金 13.1 亿元，支持国有农场税费改革，深入推进村级公益事业一事一议财政奖补工作。在全省 48 个县（市、区）开展直补资金担保贷款试点，金融机构全年发放贷款 61 亿元，36.2 万农户受益。

2015 年吉林省改进和创新财政支农方式，将资金支持由直接补助为主向间接支持为主转变，更多采取贷款贴息、风险补偿、股权投资、融资担保等间接支持方式，发挥好财政资金的"四两拨千斤"作用。对省级涉农专项资金的分配，吉林省明确要求采取间接方式支持项目发展占资金全部额度的比例原则上不能低于 40%，以后要逐年提高。此外，省财政筹集资金以市场化运作、专业化管理方式发起设立现代农业投资引导子基金，通过财政资金注入吸引带动社会资金的跟进，支持现代农业产业项目，并在支农领域进行探索，推进政府向社会力量购买服务、政府和社会资本合作（PPP）等方式，支持现代农业产业发展。在构建支农机制上，帮助各类农业经营主体发展，破除困难，解除难题。比如，针对当前农业农村发展融资难、融资贵的突出问题，吉林省运用财政政策工具，与金融部门协调配合，在全国率先开展了粮食直补担保贷款工作，实施五年多来，深受广大种粮农民欢迎，累计发放贷款 219.3 亿元，受益农户达132.2 万户。

同时，实施了国家水稻最低收购价和玉米临时收储政策。这些政策虽然具有"双重效应"，但在调动农民种粮积极性方面仍发挥了重要作用。由于多项惠农政策的实施，全省粮食播种面积稳中有增，尤其是高产作物面积增加幅度较大。2014 年全省粮食播种面积 7 501.05 万亩，比 2003 年增加 1 480.35 万亩，增长 24.59%。其中，玉米播种面积达到 5 544.90 万亩，比 2003 年增加 40.70%；水稻播种面积达到 1 120.65 万亩，比 2003年增加 38.10%。

2.2　吉林省粮食生产态势

2.2.1　吉林省粮食生产地位

新中国成立以来，在不同的经济社会发展背景下，我国粮食生产的区域格局发生了相应的变化，从整体上看，我国粮食总体生产表现出由南方向北方集中，由东部向中部推进的趋向。流通格局从"南粮北调"转变为"北粮南运"。随着粮食生产和流通格局的改变，吉林省在国家粮食安全格局中的地位越来越重要。改革开放以来，吉林省粮食产量明显提高。粮食总产量由 1982 年的 1 000 万吨增加到 2014 年的 3 533 万吨，年均增长4.02%。吉林省粮食产量占全国粮食产量的比重由 1982 年的 2.82% 上升到 2014 年的 5.82%，上升了 3.0 个百分点（表 2 - 7）。

表 2 - 7　1982—2014 年吉林省与全国粮食产量情况

年份	吉林省 （万吨）	全国 （万吨）	吉林省占全国 比重（%）	年份	吉林省 （万吨）	全国 （万吨）	吉林省占全国 比重（%）
1982	1 000	35 450	2.82	1999	2 306	50 839	4.54
1983	1 478	38 728	3.82	2000	1 638	46 218	3.54
1984	1 634	40 731	4.01	2001	1 953	45 264	4.31
1985	1 225	37 911	3.23	2002	2 215	45 706	4.85
1986	1 398	39 151	3.57	2003	2 260	43 070	5.25
1987	1 676	40 473	4.14	2004	2 510	46 947	5.35
1988	1 693	39 408	4.30	2005	2 581	48 402	5.33
1989	1 351	40 755	3.31	2006	2 720	49 804	5.46
1990	2 047	44 624	4.59	2007	2 454	50 160	4.89
1991	1 898	43 529	4.36	2008	2 840	52 871	5.37
1992	1 840	44 266	4.16	2009	2 460	53 082	4.63
1993	1 901	45 689	4.16	2010	2 843	54 648	5.20
1994	2 016	44 510	4.53	2011	3 171	57 121	5.55
1995	1 992	46 662	4.27	2012	3 343	58 958	5.67
1996	2 327	50 454	4.61	2013	3 551	60 194	5.90
1997	1 808	49 419	3.66	2014	3 533	60 703	5.82
1998	2 506	51 230	4.89				

数据来源：历年《中国统计年鉴》。

从吉林省的粮食播种面积看，自 1982 年开始呈现缓慢的下降趋势，这种状况一直持续到 1993 年，1994 年吉林省的粮食播种面积恢复到 1982 年水平并呈现出增加趋势，但从 1997 年开始又呈下降趋势，直到 2002 年以来才逐步增加，2013 年吉林省粮食播种面积已经增加到 500.1 万公顷。1982—2014 年吉林省的粮食播种面积占全国粮食播种面积的比重保持在 3.0%～4.5%（表 2 - 8）。

表 2 - 8　1982—2014 年吉林省与全国粮食播种面积情况

年份	吉林省 （万公顷）	全国 （万公顷）	吉林省占全国 比重（%）	年份	吉林省 （千公顷）	全国 （千公顷）	吉林省占全国 比重（%）
1982	355.5	11 346.2	3.13	1983	358.7	11 404.7	3.15

（续）

年份	吉林省 （万公顷）	全国 （万公顷）	吉林省占全国 比重（%）	年份	吉林省 （千公顷）	全国 （千公顷）	吉林省占全国 比重（%）
1984	350.2	11 288.4	3.10	2000	335.7	10 846.3	3.10
1985	328.4	10 884.5	3.02	2001	335.7	10 608.0	3.16
1986	347.0	11 093.3	3.13	2002	403.8	10 389.1	3.89
1987	348.6	11 126.8	3.13	2003	401.4	9 941.0	4.04
1988	342.3	11 012.3	3.11	2004	431.2	10 160.6	4.24
1989	343.1	11 220.5	3.06	2005	429.5	10 427.8	4.12
1990	352.6	11 346.6	3.11	2006	432.6	10 495.8	4.12
1991	354.2	11 231.4	3.15	2007	433.5	10 563.8	4.10
1992	353.7	11 056.0	3.20	2008	439.1	10 679.3	4.11
1993	352.7	11 050.9	3.19	2009	442.8	10 898.6	4.06
1994	356.7	10 954.4	3.26	2010	449.2	10 987.6	4.09
1995	357.7	11 006.0	3.25	2011	454.5	11 120.5	4.09
1996	362.5	11 254.8	3.22	2012	461.0	11 120.5	4.15
1997	359.2	11 291.2	3.18	2013	479.0	11 195.6	4.28
1998	356.7	11 378.7	3.13	2014	500.1	11 273.8	4.44
1999	351.3	11 316.1	3.10				

数据来源：历年《中国统计年鉴》。

从吉林省的粮食单产看，1982—2014 年，吉林省粮食单产平均为 5 567 千克/公顷，全国粮食单产平均为 4 306 千克/公顷，比全国平均水平高 1 261 千克/公顷。自 1983 年以来，吉林省粮食单产均高于全国平均单产水平，1983 年吉林省粮食单产为 4 120 千克/公顷，同期全国粮食单产为 3 396 千克/公顷，比全国平均水平高 725 千克/公顷。1998 年吉林省粮食单产登上了 7 000 千克/公顷的新台阶，每公顷达到 7 026 千克，是全国粮食单产水平的 1.56 倍。2013 年吉林省粮食单产达到历史最高点，为 7 413 千克/公顷，同期全国粮食单产也达到了顶峰，但只有 5 377 千克/公顷，比吉林省低 2 037 千克/公顷（图 2-3）。吉林省粮食单产的快速增长是粮食生产科技进步促使生产效率提高的结果，对保证我国粮食市场稳定和国家粮食安全具有重要意义。

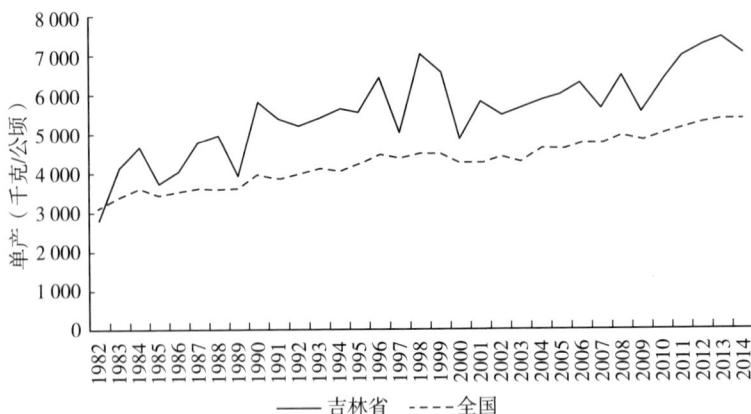

图 2-3 1982—2014 年吉林省与全国粮食单产情况

数据来源：历年《中国统计年鉴》有关数据计算整理得出。

从吉林省粮食生产结构看，吉林省谷物播种面积占全国的 4.86%，其中稻谷占 2.46%、玉米占 9.96%；谷物总产量占全国的 6.14%，其中稻谷占 2.85%、玉米占 12.68%；谷物每公顷产量较全国平均水平高 1 981.14 千克，其中稻谷每公顷产量较全国平均水平高 1 552.55 千克、玉米每公顷产量较全国平均水平高 1 585.67 千克。豆类播种面积、总产量分别占全国的 3.61% 和 3.41%，每公顷产量较全国平均水平低 97.19 千克。薯类播种面积、总产量分别占全国的 0.83% 和 1.69%，每公顷产量较全国平均水平高 3 892.84 千克，是全国平均水平的 2.04 倍（表 2-9）。

表 2-9　2014 年粮食分种类的吉林省及全国生产情况

种类	播种面积			总产量			单产		
	吉林省（万公顷）	全国（万公顷）	比重（%）	吉林省（万吨）	全国（万吨）	比重（%）	吉林省（千克/公顷）	全国（千克/公顷）	单产比（以全国为1）
粮食	500.07	11 272.30	4.44	3 532.80	60 702.60	5.82	7 064.61	5 385.11	1.31∶1
（一）谷物	459.50	9 460.30	4.86	3 420.80	55 740.70	6.14	7 444.61	5 892.06	1.26∶1
1. 稻谷	74.71	3 031.00	2.46	587.60	20 650.70	2.85	7 865.08	6 813.16	1.15∶1
2. 玉米	369.66	3 712.30	9.96	2 733.50	21 564.60	12.68	7 394.63	5 808.96	1.27∶1
（二）豆类	33.16	917.90	3.61	55.50	1 625.50	3.41	1 673.70	1 770.89	0.95∶1
（三）薯类	7.41	894.00	0.83	56.50	3 336.40	1.69	7 624.83	3 731.99	2.04∶1

数据来源：根据《中国统计年鉴（2015 年）》有关数据计算整理得出。

综上所述，吉林省拥有发展粮食生产的良好条件，是国家粮食安全的战略基地，粮食播种面积占吉林省耕地面积的 85％ 以上，常年粮食产量为 1 600 万～3 560 万吨，占全国 4％～6％，粮食综合生产能力已经达到了 3 500 万吨。自改革开放以来，吉林省以全国 1/25 的耕地提供 1/10 的商品粮，最高年份为国家储存 1/2 的专储粮。近十余年来，吉林省粮食产量连年增加，2014 年跃居全国第四，粮食单产、人均粮食占有量、商品率等多项指标居全国前列。为维护国家粮食安全做出了巨大贡献，在我国粮食安全保障体系中占有不可动摇的地位。

2.2.2 吉林省粮食生产发展历程

（1）吉林省粮食产量的历史变化特征

1949 年吉林省粮食产量 458 万吨，20 世纪 50 年代平均产量 526 万吨，60 年代为 511 万吨，70 年代为 785 万吨，80 年代为 1 326 万吨，90 年代为 2 390 万吨，21 世纪以来平均产量达到 2 671 万吨（图 2-4）。

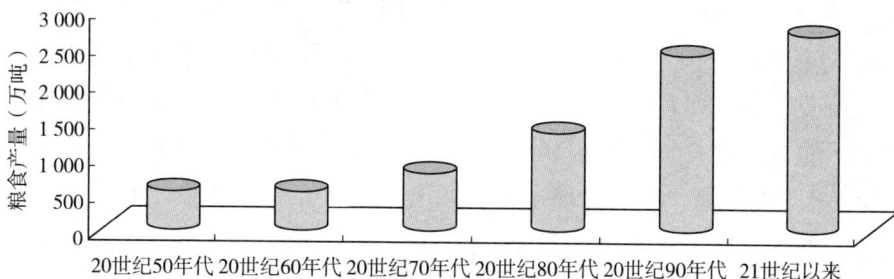

图 2-4　吉林省粮食产量变化情况

数据来源：根据《吉林统计年鉴（2015 年）》有关数据计算整理得出。

从 1982 年开始，吉林省粮食生产呈现出跳跃式增长趋势。粮食总产量由 1982 年的 1 000 万吨增加到 2014 年的 3 533 万吨，年均增长 4.02％（图 2-5）。

由图 2-5 可以看出，吉林省粮食产量一直呈波动式上升，1982—2014 年的粮食产量可以划分为 5 个阶段。1982—1984 年，1982 年是吉林省开始落实家庭联产承包责任制的第一年，与此同时，国家在这一时期连续提高粮食价格，出台了一系列支农政策（如在吉林省建设商品粮基地

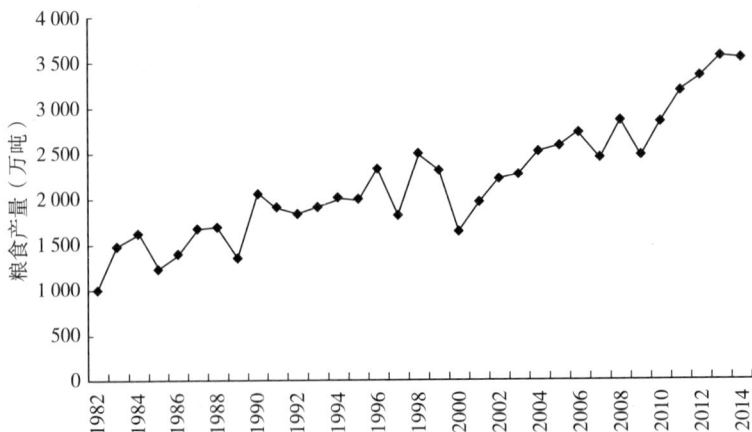

图 2-5　1982 年以来吉林省粮食产量变化趋势

数据来源：《吉林统计年鉴（2015 年）》。

等），农村改革政策的落实使农民种粮积极性显著提高，物质投入不断增加，加上同期自然灾害相对较少，粮食产量出现了一个增长较快的时期，从 1982 年的 1 000 万吨增加到 1984 年的 1 634 万吨，增产 634 万吨，年均增长率为 27.83%。1985—1988 年，在 1985 年吉林省遇到了历史上罕见的异常气候，多种灾害交替反复发生，是自 1909—1985 年有气象记载中最严重的一次。加上家庭联产承包责任制的促进作用已经很小，并出现"卖粮难"等问题。粮食出现了较大幅度的减产，粮食生产出现了暂时性徘徊。在这一阶段，吉林省开始积极探索农业市场化改革。经过灾后恢复，粮食生产又出现了新的增长势头，1988 年吉林省粮食产量恢复到 1 693 万吨。1989—1996 年，1989 年因受水旱灾交替的影响，吉林省粮食产量再次滑落到谷底。在这一阶段，吉林省逐步调整和深化农业市场化改革，粮食产量实现了稳定增长。1990 年吉林省的粮食生产跨上了 2 000 万吨的新台阶。伴随着粮食的大丰收，又出现了继 1984 年第一次卖粮难高峰之后的新一轮卖粮难。第三次卖粮难出现在 1995 年，该年度的粮食产量达到 1 992 万吨。农民手中大量粮食找不到销路。1997—2003 年，1997年、2000 年因受严重旱灾的影响，吉林省粮食产量都大幅度下降。从 2001 年开始，吉林省粮食产量开始恢复性增加，但是受持续旱灾的影响，到 2003 年粮食产量仍没能恢复到趋势产量水平。2004—2014 年，2003 年全国粮食产量跌到谷底，粮食安全受到严重威胁。在此背景下，中央连续出台了一系列支农惠农政策，突出强调加大支持粮食生产力度，稳定提高和保护主产区的粮食综合生产能力。吉林省作为粮食主产省之一，最先从这些政策中获益，农民种粮积极性得到了极大调动，粮食产量于 2004 年首次突破 2 510 万吨大关，2011 年突破了 3 000 万吨，2013 年吉林省粮食产量又登上了 3 500 万吨的新台阶。

（2）吉林省粮食生产的土地生产率

改革开放以来，我国粮食土地生产率水平显著上升，2014 年每亩产量达到 359.01 千克，为历史最高单产，是 1978 年每亩 238.78 千克的 1.50 倍。从图 2-6 可以看出，吉林省粮食土地生产率水平总体呈现出上升态势，但是年际波动较大。1983 年吉林省粮食每亩产量 274.70 千克，2014 年每亩达到 470.97 千克，2014 年粮食单产是 1983 年的 1.71 倍，年均上涨 1.75%。吉林省粮食单产在 1990 年突破了 300 千克/亩，1990—1995 年粮食单产一直在亩产 350 千克徘徊。1996 年突破了 400 千克/亩，1997 年又跌落到 350 千克/亩以下，1998 年达到了 468.37 千克/亩的阶段性水平。2009—2013 年吉林省粮食单产不断上升，由 370.37 千克/亩增加到 494.23 千克/亩，增加了 123.86 千克/亩，增幅达到 33.44%，其中 2013 年达到了单产的最大产量。吉林省粮食土地生产率的提高是农业基础设施条件不断改善、农业科学技术水平不断提高和国家支农惠农政策共同作用的结果。

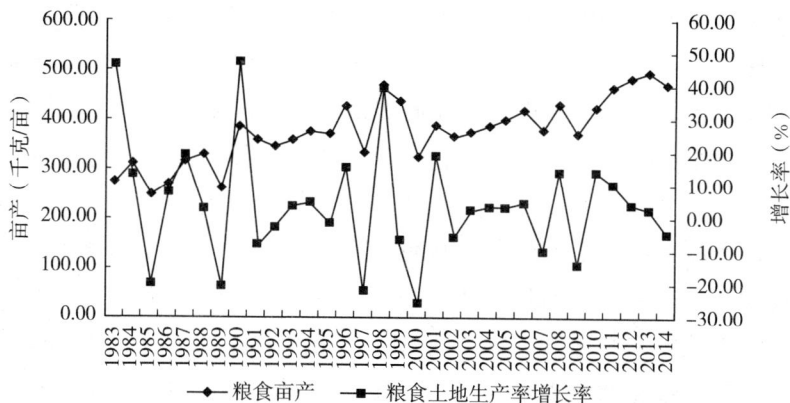

图 2-6　1983—2014 年吉林省粮食土地生产率及其增长率的变化趋势

（3）吉林省粮食生产的劳动生产率

从图2-7可以看出，吉林省粮食劳动生产率水平总体呈现出上升态势，但在这30多年的农业发展过程中劳均粮食产量有涨有降。1983年劳均粮食产量为993.68千克，2014年达到2 481.91千克，增加了1 488.23千克，年均增长3.00%。1982年吉林省实行家庭联产承包责任制，制度的变迁、提高粮食收购价格以及建设商品粮基地等重大政策的出台，极大地调动了粮农的种粮积极性，1982—1984年，劳均粮食产量从669.39千克增长到1 102.64千克，增长了433.25千克，增幅达到了64.72%。1985年国家取消了部分鼓励粮食生产的优惠政策，粮食收购实行"倒三七"比例价，实际降价幅度接近10%，挫伤了农民种粮的积极性。1985年劳均粮食产量只有838.47千克，比1984年下降了23.96%。此后，随着政策边际效应的递减，乡镇企业的异军突起，劳均粮食产量在波动中缓慢增长，1998年首次突破了1 650千克。从1999年开始劳均粮食产量又出现了下降，2000年劳均粮食产量仅为1 103.55千克，比1998年下降了589.35千克，下降幅度达到34.81%。2004年以来，国家实施了农民直接收入支持、粮食生产支持和价格支持等一系列粮食支持政策，调动了农民种粮的积极性。2004年劳均粮食产量达到1 719.77千克，比2003年增长了11.34%，2013年突破了2 500千克。通过图2-6和图2-7可见，吉林省粮食生产的土地生产率与劳动生产率呈正相关关系，此外，制度安排和土地经营规模也是影响劳动生产率的重要因素。一项好的制度安排能够降低交易成本，提供激励和约束；土地经营规模可以降低农业生产经营中人地比例关系，提高劳动的平均产出水平，同时土地规模经营有利于技术进步和扩散，增加资本投资，进而促进劳动生产率的提高。吉林省劳均粮食产量的提高是土地生产率、制度安排和粮食种植规模扩大共同作用的结果。

（4）吉林省粮食生产的成本利润率

在农业生产中，成本利润率反映生产中所消耗全部资源的净回报率，是净利润与总成本的比值。成本利润率是反映粮食生产经济效益的一个重要指标。吉林省粮食作物主要有玉米、水稻和大豆。2004—2014年，吉林省三种粮食的成本利润率总体呈现下降趋势，平均为28.34%。2014年

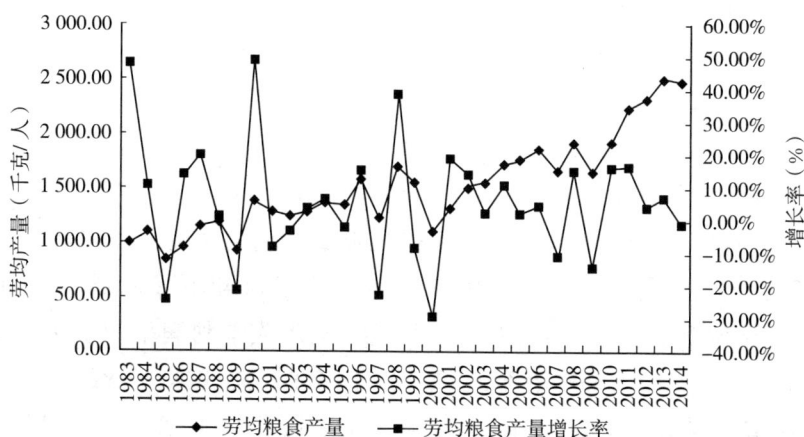

图 2-7 1983—2014 年吉林省粮食劳动生产率及其增长率的变化趋势

最低，为－1.06%；2004 年最高，为 47.38%。其中三种粮食的总成本增势明显，2004 年三种粮食生产的平均总成本为 409.63 元/亩，2014 年增长到 1 163.13 元/亩，比 2004 年增长了 1.84 倍。三种粮食的净利润 2004—2009 年基本稳定，2010 年迅速增加，由 2009 年的 152.18 元/亩增加到 2010 年的 309.43 元/亩，此后由于产值的下降和总成本的大幅度提高，净利润下降，特别是 2013 年和 2014 年，净利润大幅度下降，仅为 41.03 元/亩和 17.92 元/亩（图 2-8）。

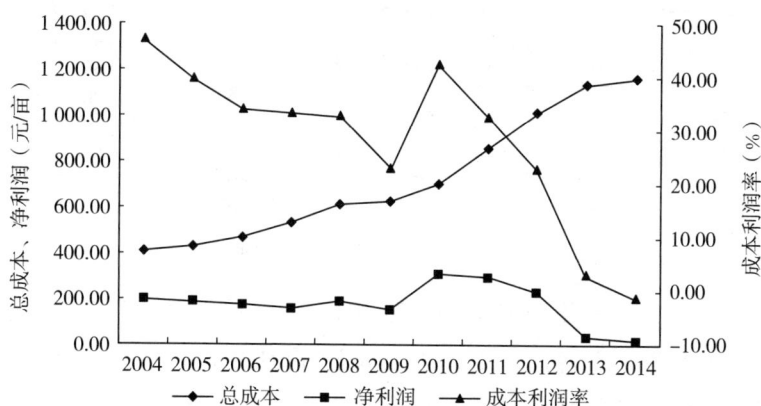

图 2-8 2004—2014 年吉林省三种粮食种植收益

粮食分品种来看，就水稻而言，2004—2014 年，吉林省水稻的成本利润率呈现明显下降趋势，平均为 42.39%。2013 年最低，为 2.86%；2004 年最高，为 86.43%。近十多年来，水稻的总成本增势明显，2004 年水稻总成本为 456.82 元/亩，2014 年增长到 1 466.33 元/亩，比 2004 年增长了 2.21 倍（图 2-9）。就玉米而言，2004—2014 年，吉林省玉米的成本利润率在波动中下降，平均为 14.55%。2004 年为 14.99%，2014 年为 -1.94%。2010 年以来，吉林省玉米成本利润率逐年下降，2010 年吉林省玉米成本利润率最高，为 26.08%，至 2014 年下降了 28.02 个百分点。2004 年以来玉米的净利润基本稳定，玉米成本利润率的下降主要在于玉米生产成本的大幅度上升，2004 年玉米生产总成本为 427.49 元/亩，2014 年增长到 1 198.04 元/亩，比 2004 年增长了 1.80 倍（图 2-10）。就大豆而言，2004—2014 年，吉林省大豆的成本利润率总体呈下降趋势，平均为 28.09%。2014 年最低，为 -14.86%；2007 年最高，为 65.93%。2004 年以来，大豆的总成本也逐年上升，2004 年大豆总成本为 344.59 元/亩，2014 年增长到 825.02 元/亩，比 2004 年增长了 1.39 倍（图 2-11）。

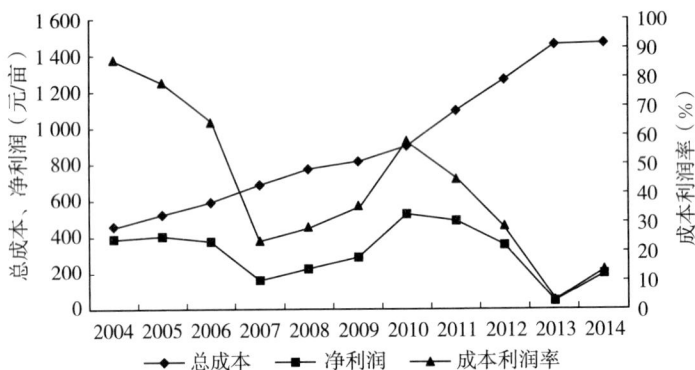

图 2-9 2004—2014 年吉林省水稻种植收益

与东北其他产区及全国平均水平相比较，2004—2011 年吉林省粮食种植的总成本高于黑龙江、内蒙古及全国平均水平，低于辽宁。自 2012 年以来，吉林省粮食种植的总成本超过了辽宁，高于东北其他产区及全国平均水平。2004—2014 年，吉林和三大产区的总成本均呈现增长态势，吉林省粮食总成本由 2004 年的 409.63 元/亩增长为 2014 年的 1 163.13

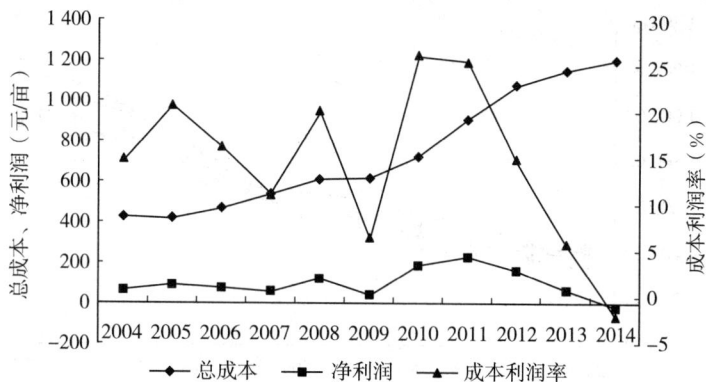

图 2-10 2004—2014 年吉林省玉米种植收益

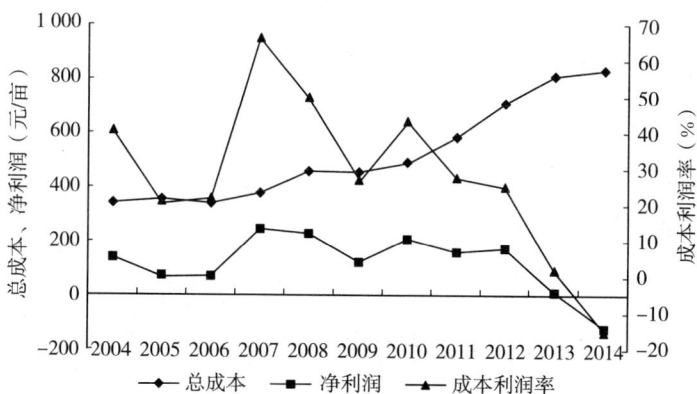

图 2-11 2004—2014 年吉林省大豆种植收益

元/亩,同期全国平均水平由 376.85 元/亩增长为 1 021.84 元/亩,黑龙江总成本始终低于全国平均水平,2012 年以来,内蒙古粮食生产总成本低于全国平均水平。可见,吉林省粮食种植在总成本方面并不占优势(图 2-12)。

2004—2014 年吉林省粮食种植的平均净利润低于其他三大产区及全国平均水平。特别是 2013 年和 2014 年,吉林省粮食种植的净利润远远低于其他三大产区及全国平均水平。2013 年,吉林粮食种植的净利润为 41.03 元/亩,黑龙江 114.53 元/亩,辽宁 186.18 元/亩,内蒙古 280.58 元/亩,全国平均 135.09 元/亩;2014 年,吉林粮食种植的净利润进一步下降为 17.92 元/亩,黑龙江 187.07 元/亩,辽宁 156.38 元/亩,内蒙古

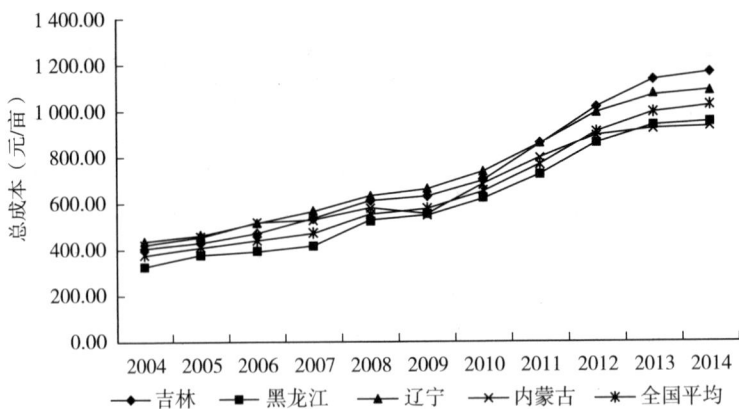

图 2-12　2004—2014 年各地区粮食种植总成本

240.92 元/亩，全国平均 142.52 元/亩（图 2-13）。

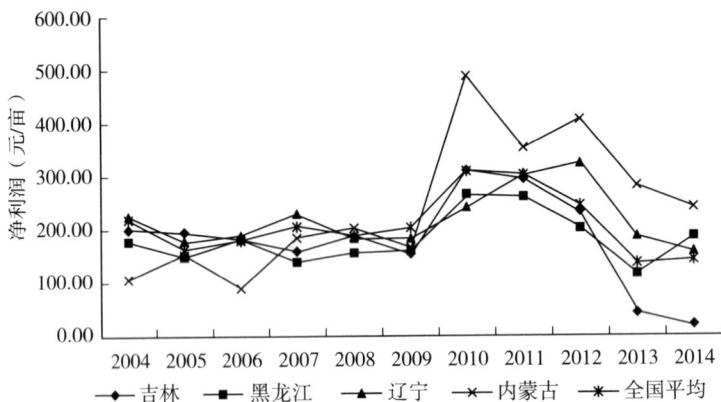

图 2-13　2004—2014 年各地区粮食种植净利润

与其他三大产区及全国平均水平相比较，2004—2014 年吉林省粮食种植的平均成本利润率低于其他三大产区及全国平均水平。除 2005 年外，吉林省粮食种植的成本利润率均低于全国平均水平。自 2011 年以来，吉林粮食成本利润率明显低于黑龙江和辽宁。2004—2007 年内蒙古粮食成本利润率低于吉林、黑龙江和辽宁且差距较大；2008—2014 年内蒙古粮食成本利润率逐渐赶超了这三个省份并超过了全国平均水平。2014 年，内蒙古粮食成本利润率为 24.89 元/亩，吉林为 -1.06 元/亩，黑龙江为 17.46 元/亩，辽宁为 9.55 元/亩，全国平均为 10.56 元/亩（图 2-14）。

由于吉林省粮食种植成本增长较快，净利润又大幅度下降，使得吉林省粮食种植的成本利润率相对较低且不稳定。因此，降低吉林省粮食生产成本，提高成本利润率势在必行。

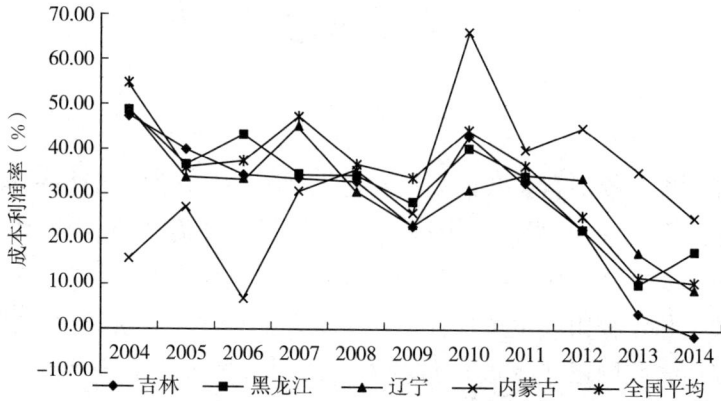

图 2-14 2004—2014 年各地区粮食种植成本利润率

3 吉林省粮食生产适度规模
经营的实践模式分析

　　农业适度规模经营是我国现代农业发展的必然之路。邓小平同志早在1990年就极富远见地指出，中国农业的改革发展需要有两个重大飞跃。第一个飞跃是废除人民公社，实行家庭联产承包为主的责任制。第二个飞跃，是适应科学种田和生产社会化的需要，发展适度规模经营，发展集体经济。当前，我国已进入改造传统农业、深入推进农业现代化的关键时刻，作为国家重要粮食主产区，十分有必要对吉林省粮食生产适度规模经营的实践模式进行探讨，寻求吉林省粮食生产适度规模经营的最佳模式。

　　粮食生产适度规模经营是指以提升粮食生产效率和经济效益为目标，在既定的社会、经济和技术条件下，强调对土地、劳动力、资金、设备、技术等生产要素的优化配置和产前、产中、产后诸环节合理组织的同时，通过适当扩大生产经营规模，从而取得最佳综合效益的粮食生产经营和组织形式，其核心是实现各种生产要素的协同效应，使其发挥各自最大的生产潜力。正确理解粮食生产适度规模经营的内涵，必须把握以下三个方面。

　　第一，要明确粮食生产规模经营形式多样，不仅仅局限于土地的集中经营。在实践界，粮食生产的规模经营往往被人误解为粮地的集中规模经营，这是一个严重的认识误区，这种认识实际上只看到了粮食生产的产中个别环节可以规模化，而没有从更为广阔的视角认识产前、产中和产后其他重要环节的规模化也称作规模化经营。事实上，在一些粮食生产社会化服务较发达的国家，粮食生产资料的规模供给、粮食生产技术的统一服务、粮食的统一销售等都是典型的粮食生产规模化经营。

　　第二，要明确适度规模经营不是盲目追求"规模"而是注重"度"的把握。有规模不等于有效率，规模经营并不一定产生规模经济，如果缺乏必要的自然、经济、社会和技术基础，一味地追求规模很有可能使粮食生产的成本超过收益，适度规模经营不是粗放式经营而是集约化、高效化的经营方式，面积、规模和数量不是衡量规模经营是否适度的主要指标，衡量规模经营"适度"的关键指标是看生产要素的优化配置程度，是看劳动生产率、土地产出率和农产品商品率等经济效益指标。

第三，要明确适度规模经营是一个动态演化的概念。粮食生产经营规模是由各种相关条件共同决定的，在一定的条件下，不同国家和地区，甚至同一国家和地区在不同发展阶段，其粮食生产经营的适度规模都不相同。因此要想在我国粮食生产的过程中预设一个各地均适合的"适度规模"是不切实际的做法，应该根据不同地区的实际情况、不同的历史时期以及经营主体的主观条件估算"适度规模"的数值界域。

发展粮食生产适度规模经营是一项有助于转变传统农业发展方式，全面推进我国现代农业发展的战略性举措，体现在以下方面：

一是探索中国特色现代农业发展道路的必然要求。我国人多地少，资源严重不足，农业生产长期在低水平徘徊，虽然20世纪70年代末实行的家庭联产承包责任制在一定程度上解放了农业生产力，调动了农民的生产积极性，但一家一户精耕细作的小农生产方式已经无法适应现代农业发展的需要。纵观西方发达国家可以发现，在推进工业化、城镇化和农业现代化进程中，都选择了向规模化现代农业发展方式的转变，充分利用本国发达的市场体制和完善的农业社会化服务体系，通过财税、信贷、社会保障等政策支持，积极探索了适合本国国情的农业规模化经营和现代化发展道路。粮食生产适度规模经营是农业适度规模经营的重要内容，深入推进粮食生产适度规模经营有助于进一步坚持和完善我国农村基本经营制度，有利于土地、资金、技术等生产要素的合理流动和有效配置，有益于为新形势下我国农业生产力和生产关系的进一步协调搭建有效的制度平台，最终为形成有中国特色的现代农业发展方式奠定坚实的物质和实践基础。

二是确保粮食增产和粮食安全的重要举措。粮食安全是社会稳定的基础，随着经济社会的发展，小规模粮食种植的经济效益日益低下，微薄的种粮收入无法有效调动粮农的种粮积极性，更无法确保我国粮食增产和粮食安全。长期以来我国一直高度重视粮食供求，政府通过各种政策引导和加大投入顺利实现了粮食生产的十二连增，但这并不意味着增产粮食的潜力已经挖掘殆尽。粮食生产的规模经营对于粮食增产增效和粮食安全的积极作用主要体现在：一是有利于提升粮食生产的效率和效益；二是有利于稳定粮食种植面积；三是有利于进一步完善粮食生产基础建设，切实提升粮食综合生产能力；四是有利于推广新的作物品种和粮食生产技术；五是有利于高标准良田和清洁粮源生产基地建设。

三是实现粮农增收的现实保障。适度规模经营便于引进新技术、新品种和新方法，有利于通过生产力和生产关系的进一步协调而使粮食生产资源配置优化，实现规模经济，最终形成粮食生产可持续发展的自我积累机制。适度规模经营一方面有助于劳动力从比较优势较低的农业转移到收入更高的非农产业；另一方面可以通过推进高效农业、集约农业和设施农业来增加粮食附加值，进而实现粮农增收。

发展粮食生产适度规模经营已成为粮食主产区农业生产发展的着力点。吉林省各地都在根据当地的自然经济条件和农户自身的经营意愿及生产能力情况，不断探索粮食生产适度规模经营的经营方式，目前吉林省主要有四种规模经营模式，根据本研究的需要，对于不同的适度规模经营模式分别选择了不同的典型案例，总结归纳其基本特征和主要做法。

3.1 种粮大户规模经营模式

3.1.1 吉林省种粮大户发展概况

随着国家一系列强农惠农政策的贯彻落实和改革措施的出台，极大调动了农民粮食生产的积极性，一部分农户通过转租和承包土地等方式实现粮食生产的规模化经营，逐渐发展成为种粮大户。近年来，随着农机化水平的不断提高，以及部分农户外迁或常年离乡进城务工等因素的综合影响，吉林省种粮大户呈增长的态势。

3.1.1.1 吉林省种粮大户基本情况

到 2014 年末，吉林省种植面积在 6.67 公顷以上的种粮大户有 7.18 万户，经营耕地面积 82.33 万公顷，占全省耕地总面积的 11.70%。总量虽大，但经营规模相对较小，经营耕地面积在 6.67～19.90 公顷的种粮大户有 6.57 万户，占全省种粮大户的 91.50％，经营耕地面积为 60.18 万公顷，占种粮大户总经营面积的 73.10％。种粮大户经营面积超过 666.67 公顷的仅有 4 户，经营耕地面积 0.49 万公顷。从地域上看，西部地区（松原市、白城市）种粮大户数量较多，共有 4.43 万户，占全省的 61.70％，经营耕地面积 48.93 万公顷，占全省的 59.40％。从组织形式上看，种粮大户与合作社、家庭农场等规模经营主体互有交叉，很难区分，许多种粮大户都是粮食生产合作社的发起人，或者名下注册有家庭农场。

3.1.1.2 吉林省种粮大户种植粮食作物品种及收益情况

吉林省种粮大户种植粮食作物面积为 79.23 万公顷，占其总经营面积的 96.30％。种植的粮食作物品种多以玉米和水稻为主，其中：玉米 58.99 万公顷，占种粮大户种粮面积的 74.38％；水稻 14.05 万公顷，占 17.72％；其他粮食 6.25 万公顷（图 3-1）。粮食产量 740.5 万吨，销售粮食数量为 599.6 万吨，商品率为 80.97％。玉米纯收益平均为 599 元/亩，水稻纯收益平均为 725 元/亩，其他粮食作物纯收益平均为 482 元/亩。但是吉林省种粮大户种粮收益差异较大，收益较少的地区仅为 350 元/亩，收益较多地区每亩纯收益可达 1 000 元以上。

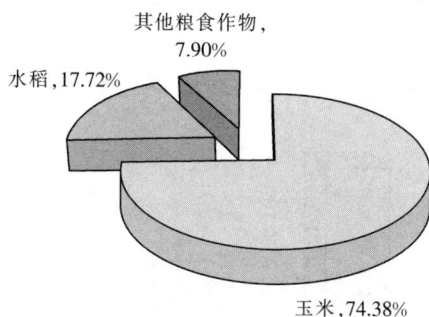

图 3-1　吉林省种粮大户种植粮食作物品种情况

3.1.1.3 吉林省种粮大户耕地来源及租金情况

吉林省种粮大户的耕地主要来源于以下两个方面：一方面是通过土地流转扩大耕地面积。主要是规模经营户从外出务工农户手中将土地转包过来进行种植，发挥自身劳动力和机械的优势，提高劳动生产率和机械使用效率；另一方面是通过开垦荒地、滩涂和承包机动地等扩大耕地面积，经营规模的扩大，便于实现机械化生产。在吉林省种粮大户经营的82.33万公顷耕地中，种植的自有耕地20.88万公顷，占大户经营耕地总面积的25.4%；转租耕地25.27万公顷，占29.0%；转包耕地31.31万公顷，占38.0%；托管耕地2.87万公顷，占3.5%；其他形式耕地3.39万公顷，占4.1%（图3-2）。租地成本因地域不同而差别较大，总体上看，水田高于旱田，中、西部高于东部。旱田租地成本全省平均为412元/亩，松原市宁江区最高，为700元/亩；汪清县最低，为170元/亩，两者相差530元/亩（图3-3）。水田租地成本全省平均为482元/亩，松原市宁江区最高，为900元/亩；汪清县最低，为188元/亩，两者相差712元/亩（图3-4）。

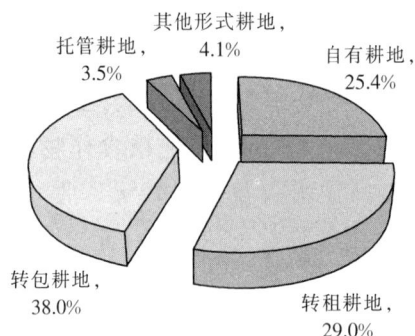

图3-2 吉林省种粮大户耕地来源情况

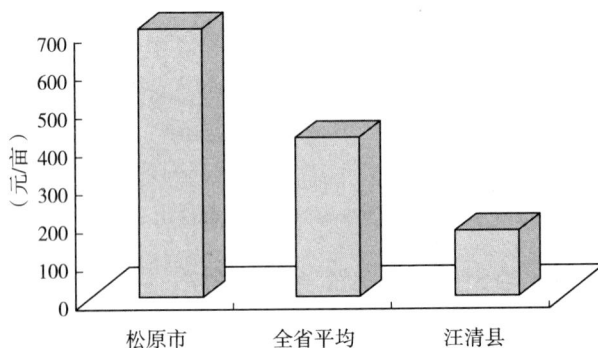

图3-3 吉林省旱田租地成本情况

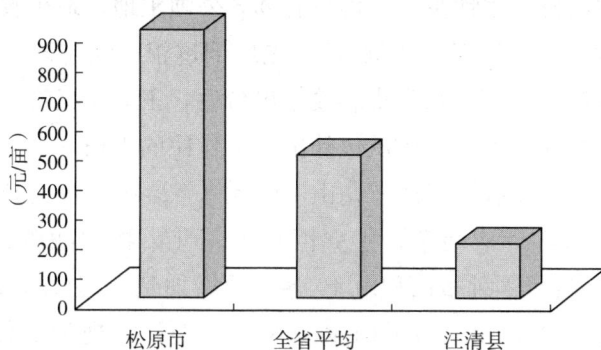

图 3-4 吉林省水田租地成本情况

3.1.2 吉林省种粮大户个案分析

种粮大户规模经营模式是种粮大户承包集体土地以及流转或托管其他农户承包地,利用其优于其他农户种植经验或农业机械化优势发展规模经营,在从事粮食生产的经营模式中,种粮大户规模经营模式是在我国鼓励发展农业适度规模经营时比较早的一种生产经营模式,也是当前吉林省粮食适度规模经营的主要模式之一。种粮大户一般都有较为丰富的粮食生产经验、易于接受新技术、能吃苦耐劳长期在农村从事农业生产。与其他农民相比,种粮大户有较强的经济实力,发展规模经营具有先天优势,且推广难度小,便于扶持壮大。种植大户通过承包集体或流转其他农户承包地实现规模经营,改变了过去传统、超小规模生产经营,提高了农业生产的集约化、科技化和水利化,增产增收幅度提升明显,也有利于培养新型农民。如前郭县海勃日戈镇种粮大户王文秀,经营玉米 667 公顷。按照正常市场价格计算,需投入成本 367 万元。由于其扩大了经营规模,集中采购农业生产资料,平均可节约资金 15%,共节约投资 55 万元,生产成本大幅下降,此外采用膜下滴灌技术,配套大型农机具实施机械化作业,种粮年收入可达 1 200 万元,经济效益十分可观。同时,流转土地农户可转移劳动力 400 人,按每名农民每年 10 000 元计算,年可增加收入 400 万元,增加了劳务收入。总体计算 667 公顷耕地收入可达到 1 600 万元,比规模经营前增加收入 455 万元。

龙井市东盛涌镇龙山村水稻种植大户王立臣,是土生土长的龙山村农民。过去，龙山村人多地少，人均只有 0.3 公顷土地，地少收入薄，王立臣觉得种地没前途，当起了"倒爷"，先后倒过粮、经过商。国家取消农业税、发放种粮补贴等一系列惠农政策出台后，王立臣又看到了种地的潜力。于是，他放弃经商，开始承包外出打工村民的水田，为自己生产的大米注册了"龙山"品牌，年产"龙山"牌大米 825 吨，远销到江苏、广东和上海等地。2015 年春耕前，王立臣经过龙井市物权融资公司的担保，贷款 40 万元，将水稻种植面积由 40 多公顷增加到 85 公顷，2015 年种植水稻收入超过 130 万元。为了向生态农业转型，实现种田效益最大化，2015 年初，王立臣投入 30 万元对流转的 3.7 公顷低产田进行换土改造，同时实施稻田养鸭，发展绿色有机稻米。实施换土和稻田养鸭种植的有机稻米产量与传统种植方法生产的稻米产量基本持平，但市场价格迥然不同。目前，普通大米每千克市场价仅为 6 元左右，有机大米每千克可以卖到 20 元。依托有机稻米种植，王立臣帮助龙山村村民发展休闲观光农业，带动了村民增收。

黄金泰是吉林省蛟河市新站镇五家子村的种粮大户。2001 年，黄金泰发现自己所在的村和附近村庄，很多朝鲜族同乡纷纷举家搬迁、外出打工而放弃了土地，大部分耕地等待流转承包。于是他在亲属和朋友的资助下，借资十几万元承租了 20 公顷土地，利用国家的惠农政策购买了一台 28 马力*的拖拉机和配套旋耕机、联合播种机，开始了农业科技、理论、指导、实践的探索，当年实现收入近 10 万元。2008 年他申请了全程农机大户国补资格，利用国家农机补贴资金，购进了拖拉机、收获机、整地机、旋耕机等各类农机具 24 台套，价值 100 多万元，还投资建起机车库棚 450 平方米，目前，他所拥有的固定资产总值达 200 多万元。他所耕种的土地面积由最初 20 公顷扩展到目前的 214 公顷。黄金泰依靠农业科技，实现规模种植和增产增效。自 2004 年从事生产订单甜黏玉米以来，积极探索玉米高产规模化栽培集成技术，先后引进黄、白、紫、花近 10 余个优良品种，组建玉米新品种、新技术试验示范基地。黄金泰是蛟河市最大的种粮大户，在一定程度上带动着本村乃至周边村社种植方式的改变，他

---

* 马力为非法定计量单位，1 马力＝735 瓦。——编者注

所承包的土地实现了种地和养地相结合，利用秸秆还田，改善地理条件和土壤理化性质。并通过推广配方施肥技术，减少化肥投入，提高化肥的利用率，既降低了生产成本又减少了化肥污染，有力地促进了生态环境友好型农业的发展。黄金泰还是全程农机服务大户，低价收取农机作业服务费，收效颇丰。大规模生产、机械化作业，大大提高了生产效率。黄金泰经常利用闲暇时间向村民传授农业科技新知识，提高村民的种田水平，通过秋翻地、扣地膜、棚膜等技术，可使甜黏玉米每亩效益增加1倍以上，相当于1亩地当2亩地使用。

通过以上个案分析可以看出，吉林省种粮大户具有以下特点：一是基本实现简单机械化作业，其中部分拥有大型农机设备。能够辐射周边村屯的种粮散户，引领作用较强。二是种粮大户科技意识较强。种粮大户大多具有较高素质，接受新技术的能力都比较强，有的自己还能创新一些栽培技术。三是增收致富带动能力较强。部分种粮大户还兼营农产品加工、购销和养殖业，具有一定的经济实力。在从事粮食生产过程中，经常雇用大量的农村劳动力从事生产，为周边农民提供技术、物资、机械作业等服务，在促进农村劳动力转移的同时，带动附近农民增收致富。

3.1.3　吉林省种粮大户粮食规模化生产的优点及面临的主要问题分析

3.1.3.1　种粮大户的优点

（1）有利于提高土地利用率和产出率

当前农村一家一户的小生产，与现代农业发展不相适应，已严重束缚农村生产力的发展和生产方式的转变。种粮大户通过土地流转将细碎的耕地集中起来使用，并开发各种宜农荒地，有利于对现有耕地资源的保护和充分利用。种粮大户不仅能促进土地资源的充分利用，在提高粮食单产水平方面也能够起到较好的作用。种粮大户文化素质相对较高，易于接受新品种和新技术，能够利用相关科技知识有机地整合各种生产要素，使自然资源、生产设备、劳动力、资金和技术得到充分利用，推动粮食生产向广度和深度发展。例如在肥料施用方面，种粮大户更加注重施用肥料的品种、数量和时间，力求在节约成本的同时增加收益。吉林省大部分种粮大户都采用了测土配方施肥、统一灭鼠、生物防螟、机械深耕深翻、种子包衣、精量半精量播种等重要农业技术。有的大户在生产中注重应用先进的农业种植与管理技术，与当地农业院校、科研机构与技术推广单位建立了长期的合作伙伴关系，聘请相关专家、技术人员为顾问，及时解决粮食生产经营过程中遇到的问题，加之其经营规模较大，科学种粮的积极性也比一般农户高得多。这些是传统小农户所不具备的优势。种粮大户应用新品种和新技术不仅提高了单产，增加了自身的经营效益，同时还发挥着示范效应，能够带动周边普通农户科学种粮，起到很好的典型示范和辐射带动作用。

（2）有利于采用农机作业，提高农业的物质装备水平

由于种粮大户土地经营面积大，应用大型机械化耕作能够降低单位面积的生产成本，提高种粮的总体效益，因此，种粮大户农机购置和拥有数量明显较多。目前，吉林省种粮大户基本实现了机械化作业。一些种粮大户还充分挖掘和利用农业机械的作业能力，为周边农户提供服务，不仅提高了当地的农业机械化水平，也增加了自己的收入。

3.1.3.2 种粮大户面临的主要问题

（1）土地流转稳定性不强

一是土地流转不规范。部分农户之间仅口头协议，未按程序办理流转手续，导致土地租赁、使用关系混乱，矛盾较多。二是土地流转难度大，土地长期承包困难。农民守地意识较强，尤其是国家惠农政策的出台，即使老弱病残的农民粗放经营也有利可图，导致土地流转困难。此外，受地租年际间变化波动影响，土地出租者不愿签订长期合同，大多数农户都是一年期合同。三是部分地区土地流转价格上涨快，承包经营户种田效益不高。近年来，部分地区，尤其是松原地区土地流转价格逐年上涨。以扶余为例，目前玉米田流转价格普遍在1万元/公顷以上，种植地膜花生的地块则在1.2万元/公顷以上，而且国家出台的粮食直补和良种补贴资金实际上补贴到原地种粮户手中，真正种田的农户得不到补贴。流转价格上涨对规模经营户带来成本压力。四是大户种植的多方流转来的田块难以集中成片，不便于管理和机械化操作，增加生产成本。

（2）资金缺乏，融资困难

种粮大户在经营初期一次性投入比较集中，租用土地、购买种子、化

肥、农药和农业机械等生产资料需要大量资金，资金需求量较大。目前，农村信贷手续复杂，贷款额度小，很难通过资产抵押等方式获取银行贷款，而民间融资，一般年利率在18％左右，利息高，成本压力大。融资难问题也是制约大户发展的重要因素。

（3）农田基础设施薄弱

总体看，吉林省农田基础设施依然薄弱，特别是东部地区部分种粮大户承包的耕地处在交通不便的地区，不仅抗御自然灾害能力较低，而且生产成本较高。突出表现在：一是路网不配套，机耕路少，路面状况差，大型机械和运输车进不去，生产时主要靠人工、畜力和小型拖拉机，不利于机械运输与作业，甚至有的地方人步行也较为艰难。二是农田水利基础设施建设相对落后，粮食生产抗御自然灾害的能力薄弱；加之种粮大户对国家土地承包政策将如何调整尚不清楚，难以有长远打算，不愿购置大型农机具、改良农田水利基础设施，对农业基础设施长期投入的动力不足。三是缺乏储晒粮设施，无晒粮场，仓储条件差，有的大户把收获的粮食在公路上晒干后直接卖出，有的大户把收获的粮食直接卖给粮站，有的需借助其他临时场所贮存，当作物收获后一时难以销售时，因含水量高，霉变使农户遭受损失，若收获期遇阴雨天往往损失更大。

（4）社会化服务水平不高

生产环节是决定种粮大户收益水平高低的关键环节，种粮大户一般积累了比较丰富的种粮经验，对市场有较高的敏感性。因此，种粮大户对农技推广等农业社会化服务提出了更高的要求。对种粮大户来说，种子、农药、化肥等农资是生产的基础，如果种子、化肥选择不当，对种植收益影响会很大，所以，他们很重视这些生产资料的品质和质量。此外，种粮大户非常重视种植技术的改良，以通过技术进步实现节约生产成本、提高生产效率的目的。有些种粮大户希望农业部门能够提供测土配方的服务，以提高化肥的利用效率；一些大户对新品种有需求，希望通过品种改良以实现增产增效；还有些大户希望得到及时的病虫害防治信息。调查中，部分种粮大户反映生产方面的社会化服务不足，有些大户提出，希望有专门为他们进行生产服务的专业组织，比如在农资供给方面，能够有专业服务组织负责统一采购、统一配送，从而降低成本；在销售方面，大多数种粮大户的收益以销售原粮为主，既没有品牌，又没有形成产业链，仍处在初加工阶段，经济效益不高。他们希望得到及时、准确的市场信息，准确把握市场价格，特别是希望能够与农产品加工企业建立长期、稳定的合作关系；在运输方面，他们希望能够享受到快捷、方便的运输服务。由此可见，十分有必要提高对种粮大户产前、产中、产后的技术、信息、销售、流通等方面的服务水平。

3.1.3.3 种粮大户面临问题的原因

（1）农村土地流转机制不规范

由于我国农村土地流转的不是所有权，而是经营使用权，这在一定程度上阻碍了土地流转市场的形成和完善。我国农村改革以来农村土地经营使用权的行使与放弃，基本上是农民的自主自发行为，调查结果显示，大部分农户在流转中没有签订土地承包流转合同，仅有口头协议。个别农户虽然签订了土地流转合同，但内容不齐全，合同不规范，没有遵循一定的程序和履行必要的手续来规范双方的权利义务关系，也没有太多的制度规范和行为约束。且由于我国粮价波动较大，政府出台支农惠农政策比较频繁。在这种情况下，农民通过衡量种粮收益和非农收入，对土地的经营使用权时而放弃，时而行使，随意性很大，相应的种粮大户的数量、规模及收益等方面也是交替兴衰，由此形成了一条规律：粮价大幅下跌—大量弃耕抛荒地出现—种粮大户出现—政府奖励支持—粮价大幅上涨—农民争着要田—种粮大户衰落。

（2）农田基础设施投入机制不完善

自我国实行农村税费制度改革以来，农村基础设施就面临着融资困难、投入主体缺失的局面。一方面，政府投入力度不够，由于政府的政策往往是从团体利益最大化角度出发，通常倾向于城市基础设施的投资。在农村，倾向于经济效益较好且建设周期短回收速度快的基础设施投资，而对于与农村经济有关的建设周期长、回收速度慢的农田基础设施则投资力度不够，因此政府在农田基础设施投资中不可避免地产生了"政府失灵"问题。另一方面，农户的投资积极性不高，由于农田基础设施属于准公共产品，具有一定的外部性，其产权制度一直没有得到很好的完善，在设施的供给过程中存在"搭便车"行为，且在现行农村基础设施投资体制下，农户很难在农村基础设施投资决策中体现自己的意志，通常被排斥在农村基础设施投资决策，运作和监督之外，因而无法体现其对基础设施的偏好。

（3）农村金融体系不完善

虽然目前我国基本上形成了政策性金融和商业性金融并存的农村金融体系，农村金融服务水平有了很大提高，但农村金融体系的整体功能仍然不适应农业和农村经济发展的需要。农村金融机构不健全和农业保险发展滞后等问题阻碍了农业和农村经济的发展，具体表现在以下两个方面：农村政策性金融功能不全，中国农业发展银行资金主要来源于财政无偿拨款和有偿贷款，资金来源渠道单一，业务范围比较狭窄，机构设置不到位，且功能单一，难以担起政策性金融支持"三农"的重任；农村信用社功能和性质不清晰，基于信息不对称、缺少抵押品以及风险因素的考虑，也在缩减向农村地区的贷款，对农户和农村中小企业生产支持有限，支农服务水平不尽如人意，致使农村金融服务出现缺位。最后造成了农村金融资源的"非农化"问题严重，农村地区资金大量外流，农村贷款严重不足的局面。

（4）社会化服务体系不健全

随着专业化和市场化水平的提高，要保持农业持续发展，提高农业竞争力，提高社会化服务水平是必然选择，然而在市场经济的驱动下，社会资源很难自发的流向收益相对较低的农业部门，这就需要政府或相关部门针对农业生产建立完善的社会化服务体系。种粮大户比散户更关注市场行情、品种及品质、价格、种植技术等问题，但往往这方面的服务跟不上，大户普遍反映"求技难、发现市场难、进入市场更难"。调查结果显示，大部分农户渴望得到市场价格信息判断、技术指导、病虫害防治和农机作业方面的服务，以提高生产效益，从满意情况来看，政府目前对种粮大户的这些需求的满足程度较低，没有建立便捷高效的社会化服务体系，很多生产方面的困难难以解决。

3.2　农民专业合作社规模经营模式

3.2.1　吉林省农民合作社发展概况

建立和发展农民合作社是继实施家庭承包经营制度后，中国农村经营组织方式变革的重要内容。我国新型农民合作社萌芽于 20 世纪 80 年代初期，起步于 80 年代后期，发展于 90 年代中期。作为市场发育程度较低、经济欠发达的省份，吉林省农民合作社的萌芽和起步较晚，直到 90 年代后期，才相继出现一些以提供技术信息服务为主要活动内容的各类技术协会。21 世纪以来，随着农业商品化、市场化进程的加快，国家对农民合作社发展扶持力度的加大，吉林省农民合作社的数量规模得到了迅速发展，形成了较为宽广的覆盖。

从数量上看，2014 年吉林省农民合作社已经发展到 52 065 个，居东北三省之首，带动农户 200 多万户，占农户总户数的近一半，对农户的覆盖率要远远高于全国平均水平。从区域分布看，农民合作社发展水平与经济发达程度正相关，目前吉林省经济较发达的长春地区的农民合作社数量占到全省的近 1/3。从产业分布看，吉林省农民合作社的经营涉及玉米、水稻、蔬菜、畜禽、经济动物、食用菌、中草药等各个小部门产业，其中以农业为主的占 41％，以牧业为主的占 35％，以服务业为主的占 20％，以林业为主的占 3％，从事渔业等其他行业的占 1％。从出资额看，2014 年吉林省农民合作社出资总额达到 1 110.77 亿元，是 2009 年出资总额的 20.8 倍，较 2013 年相比增长 42.32％。就出资比例而言，货币出资额占出资总额的近 90％。

自 2007 年我国第一部《农民专业合作社法》发布并实施以来，农民合作社每年以加倍的速度发展。尽管形成了较高水平的数量覆盖，但其发展质量问题愈益突出。主要表现在，一是绝大多数农民合作社有名无实，有注册，无活动，停留在空壳状态；二是农民合作社虽有一定活动，但不够规范，没有切实落实农民合作社的章程，没有体现《农民专业合作社法》所规定的农民合作社的应有属性；三是农民合作社由少数"能人"把持，成为少数人寻利的平台；四是农民合作社没有有效开展农产品质量管理，致使农民合作社的品牌创建活动缺少根基和有效的组织保障。

3.2.2 吉林省种粮专业合作社案例分析

农民专业合作社规模经营模式主要是指以农户家庭生产经营为基础，以农民专业合作社为主导，集体统一组织部分生产经营环节，发挥集体优势而形成规模生产的一种经营模式。吉林省是我国的粮食生产大省，种粮专业合作社是推进粮食生产适度规模经营的一种典型模式。这种模式是吉林省当前规模经营的主要模式之一，也是当前世界许多国家发展成功的经营模式。在具体形式上既有合作社集中统一经营的模式，也有统种分管、统分结合的模式。

案例 1　吉林省前郭县平凤乡万亩良田农业生产专业合作社

（1）概况

平凤乡位于前郭县北部的嫩江与第二松花江交汇处，作为典型的农业乡镇，平凤乡拥有丰富优质的耕地资源，全乡可耕种资源丰富。近年来，随着水田开发，绿色稻米产业已在平凤乡的农村经济发展中形成了绝对优势。前郭县万亩良田农业生产合作社于 2008 年 5 月成立，它是在"松原市二马泡有机绿色农产品专业协会"和"松原市二马泡有机农业开发有限公司"的基础上，由前郭县平凤乡农民党员宋相池发起设立。

（2）规模及注册资金

合作社最初由 28 个自然人（农民）以土地作价折算入股组建，注册资金 288.2 万元。目前合作社入社农户 300 多户，辐射带动农户 1 200 多户。

（3）入社形式

万亩良田农业生产合作社入社形式采取两种方式，一种是紧密型的，农户将土地折价入股，合作社统一经营；另一种是松散型的，入社成员的土地仍由农户自己经营，自负盈亏，农户参加合作社组织的活动，合作社给予补助。

（4）组织保障

2008 年 10 月，合作社成立了党支部。党支部成立后，党员的组织关系采取迁转与临时并存的方式，在管理上采取合作社与村党支部双向沟通和联系制度，有效地解决了流动党员教育管理的问题，使党建工作迅速而有效地进入到新生的专业合作经济组织之中。合作社建立健全了党支部工作规划和各项党建规章制度，明确了党支部和理事会的职责，建立了支委会工作制度、理事会重大问题决策向支部报告制度、党支部理事会重大问题联合讨论制度等，充分发挥了"支部＋合作社"的辐射带动作用。

（5）生产管理方式

合作社以为社员提供服务为主，实现生产经营"六统一"管理，即统一品种、统一耕种、统一施肥、统一技术、统一加工包装、统一销售的全程标准管理。合作社对土地实行集中耕种，小块田变成大块方田，适合大型机械作业，解决了千家万户地零散，承包田投入大、产出低，家家都买小四轮或手扶拖拉机，闲置时间长、劳动力投入多等问题。同时，合作社反雇农民农忙时进行耕种，工资按照耕种土地收获的产量计算，每千克0.36元，农闲时农民可外出打工，增加了农民收入。合作社集中田间管理，实现规模化经营，每人可经营耕地 5～7 公顷，大大节约了劳动力，原来 120 户农户耕种的土地，现在只需要 20 个劳动力就能完成，剩余的劳动力可以从土地中流转出来，从事其他产业。在种植结构上，合作社统一种植品种、统一生产操作技术。在实行统一规模集约经营的同时，万亩良田农业生产合作社还不断增加科技投入，引进新技术、新型生产资料、加大科技培训，提高农民素质。打造合作社的产品品牌，提高合作社的市场竞争力。在水稻生产技术上，免费培训入社社员实施先进生产和机械技术，推广农艺与农机相结合技术。合作社每年邀请专家在春季和秋季对农民进行现场免费培训，推广"五推、三旱、一达标技术"。在水稻生产环节上严格执行技术达标，实现科学技术生产，同时举办有机、绿色农产品生产培训，提高农户的种植水平，掌握有机、绿色农产品知识。通过合作社的培训，很多农户学会了利用网络查找科普信息和农产品价格信息，许多农民的思想观念有了很大转变，从只注重农产品的高产高收转变为注重提高农产品的品质和质量安全，农户在生产过程中能够严格遵守生产操作规程。合作社聘请水稻种植专家组成技术指导组，为合作社社员进行种植培训及跟踪指导。包括为农户讲授水稻种植与植保技术，提供水稻各个时期的病虫害防治方法，及时解决生产中各种技术问题，有效地提高了农民水稻安全生产水平。此外，合作社引进了 EM 益生菌和高营养素产品，与日本专家签订了有机水稻生态种植技术咨询合同，并与多家科研机构合作，研制出富含多营养素的营养功能强化米，其产品通过了有机、绿色食品认证。

（6）利益分配方式

合作社根据秋后产量及销售价格扣除成本年底分红，即合作社的收益减去必需的生产及办公费用、人员工资等成本，按30%提取公积金，剩余部分年终按农户入社股份比例进行分红。

（7）成效

合作社将农民组织到一起，利益共享、风险共担，提高了市场竞争力和抵御风险的能力，解决了单户农民办不到、解决不了的诸如农田基本建设、全程机械化、标准化生产、生产资料采购、集中统一销售等农业生产各个方面问题。通过农民合作社经营，既节约了生产成本，又提高了产品品质，增加了收入。合作社有耕地1 000公顷，正常情况下，1 000公顷水田需投入成本700万元，成立合作社，以合作社身份统一采购农业投入品，平均可节约资金15%，节约投资100万元，生产成本大幅下降。同时，农民通过成立合作社，实现了生产经营"六统一"管理，农产品产量、品质和市场影响力明显提高，提高了品牌效益，农产品增加值大幅提高，农民增产增收效果明显。合作社生产加工的品牌大米远销上海、广州、云南等地（高端产品每千克卖到138元，是普通产品价格的20倍以上），总收入可达到4 000万元。1 000公顷水田总投入600万元，投入产出比达到1∶6.66。而正常情况下，1 000公顷水田总收入2 700万元，总投入700万元，投入产出比为1∶3.86。采取合作社经营模式后，合作社1 000公顷水田可增收1 300万元，加上节约成本100万元，累计增效1 400万元。

（8）存在问题

由于农民自身科学文化素质不高，先进科学技术应用不多，合作互利共赢理念还不够，存在短期行为，扩大再生产不足等问题。

案例2　榆树市天雨机械种植专业合作社

（1）概况

榆树市天雨机械种植专业合作社位于榆树市五棵树镇广隆村，于2014年7月在榆树市工商局注册登记。注册资金600万元。拥有成员88人，带动非成员350多户。合作社占地面积6 000多平方米，办公室面积

350 平方米，种植面积达 300 多公顷，经营范围为机械种植、农用机械租赁服务、组织、采购供应成员所需的农业生产资料等业务。截至 2016 年 3 月 1 日，合作社总资产 400 万元，其中：固定资产 360 万元，包括农机 21 台套，价值 240 万元，房屋（办公室＋库房）1 800 平方米，价值 120 万元；流动资产 40 万元，其中现金 25 万元、存款 15 万元。

（2）主要经营情况

榆树市天雨机械种植专业合作社业务范围为机械种植大田；农用机械租赁服务；组织采购和供应成员所需的农业生产资料；组织收购、销售成员生产的产品；开展成员所需的运输、贮藏、加工、包装等服务；引进新技术、新品种、开展技术培训、技术交流和咨询服务等。合作社自成立以来一直致力于玉米种植和农机代耕及托管等业务，除为本合作社 88 户成员服务外，还为 350 户农户提供代耕、托管等服务，总体经营情况良好，在经营过程中遵纪守法，注重诚信，取得了良好的经济效益。2015 年合作社流转承包耕地 108 公顷，生产销售玉米 179.5 万千克、收入 205 万元，为农户代耕土地 18.2 公顷，收入 18.2 万元，剔除各项费用支出 174.62 万元，盈余 48.58 万元。

该合作社已建立各项明确的规章制度和守则，机构健全，理事会、监事会、财务部、技术部等部门，各负其责，严格按程序执行工作。

2015 年在合作社的带动下，周边农民人均收入有明显提高，为周边居民的经济发展起到一定的带动作用。2016 年合作社继续扩大玉米种植面积，已与五棵树镇 20 多户农户签订了 291.45 公顷的土地流转合同。

案例 3　远耕种植专业合作社

（1）概况

远耕种植专业合作社位于柳河县孤山子镇，成立于 2013 年 9 月，注册资金 500 万元，现已发展社员 276 户。合作社以"建设一个组织，带动一个产业，搞活一方经济，富裕一方百姓"为发展目标，为社员提供农资服务、农机服务以及土地托管、农作物技术培训等服务。

（2）主要经营情况

合作社现已实现从种到收全程机械化作业，为社员提供从耕到种、到收的一条龙作业服务，社员可比非社员享受农机服务价格优惠10%～20%。合作社为社员提供货真价实的化肥、种子、农药等农业生产资料，社员购买农资可比非社员享受5%～10%的价格优惠。合作社每年依托县、乡两级农技部门，对新入社社员开展科技培训，积极应用测土配方施肥、生物防螟等增产增效技术，玉米平均单产比普通农户种植增产75千克/亩。

合作社创新土地流转方式，为农民提供土地托管服务。针对部分农户缺少家庭劳动力或劳动力外出务工的情况，合作社开展土地全托管、半托管的经营业务，每亩地收取一定的托管费，粮食归社员所有。土地半托管业务包括玉米耕地、播种、喷药、施肥、收割、运输等服务项目；土地全托管业务是合作社负责从耕到收全程管理农户土地。社员要托管土地可享受一定的价格优惠。2014年合作社托管农户土地1 000亩。

合作社积极拓宽农副产品销售渠道，坚持"走出去"战略，积极与农村经纪人、超市和涉农企业沟通，宣传社员生产的产品，使社员种植的蔬菜、瓜果等农产品在第一时间卖出好价钱。合作社根据财务状况，在提取一定比例的公积公益金后，进行年底分红。可分配盈余的60%按照社员与本社的交易额比例返还给社员，剩余40%按照出资额比例返还社员。2014年合作社分红资金达100万元。

案例4 忠实联合种植专业合作社

（1）概况

忠实联合种植专业合作社成立于2009年，主要为农民提供土地托管服务。忠实联合种植专业合作社是依托自有的种业公司、合作社和粮食收储公司，将农户的零散田地连片，统一实行规模化种植、机械化生产，前期费用全部由公司投入，所有土地都种植玉米。如果农户想要粮食，可以随时拿到粮食。这种专业化的合作使得合作社所提供的土地托管服务更加专业和有保障，而这种"粮食银行"的形式也提高了农户土地入托的积极性。目前，该合作社农户入托土地面积为4 530亩，入社农户有128户，主要分布在榆树市的环城乡和闵家乡、五常市的红旗乡和拉林乡，托管范围已经跨越了本市本镇；合作社现有管理人员7名，长年雇佣的农机操作专业人员2名，执行淡旺季工资标准。

（2）主要经营情况

合作社对农户自愿托付的土地实行统种、统管、统收，秋后公正、公开、公平定产，扣除合作社垫付的费用，其余收入全归农户所有。合作社通过制定规范的土地托管合同来明确双方的权利和义务。托管主体根据申报情况，会派土地托管员深入到户，面对面地签订合同，明确地块坐落、数量，并建立土地托管档案。在合同中明确规定合作社享有土地种植经营权，经营中所使用的种子、化肥、农药、农机作业、中耕除草、防虫灭病等一切费用均由甲方垫付，秋后粮食可以由甲方收储，也可由农户自己留储；被托管方享有土地承包权，双方签订合同后，农户不得重复托管、承包、抵押、重新流转于他人；合同中体现了互利双赢的收益分配方式，其收益结算方式为秋后粮食产量以本村上中等平均值来定产。合作社负责粮食收储的，给农户出具"粮食储存卡"，农户可持卡随时到合作社结算，自由支取，随行就市，结算时按当时当地市场粮价为准。想卖干粮，合作社可以预付10%的粮款，免费为乙方保管。结算时，合作社扣回土地托管中所垫付的一切生产费用；合同中还包括不变的政策及保险，即农户仍然享有国家给予农民的优惠政策，土地承包权长期属于农户一方，粮食直补资金归农户所有，农户作为被托管方必须参加农业保险，费用由农户自负或由合作社代交，秋后结算时扣回；合同中规定土地托管后，如在经营过程中遇到自然灾害，造成粮食减产、减收或绝收，农户的收益按实际产量加上保险赔付减去合作社垫付成本费用后支付给农户。如遇到不足甲方投入费用的，农户一方不再支付，由合作社自行承担；土地托管后，任何一方当事人违约，都应赔偿对方违约金2 000元，违约造成经济损失的，视具体情况由违约方赔偿对方相应的经济损失。合作社的收益主要来源于种子、化肥、农药等农资统购的价差收入、通过科学化种植经营管理带来的粮食产量增加的收入、统一回收和销售粮食的价差收入。在规范的合同下，忠实联合种植专业合作社的土地托管服务实现了合作社与农户双方的双赢。

案例5　田丰机械种植专业合作联合社

（1）发展历程

吉林省田丰机械种植专业合作联合社创立于2009年，在2010年经吉林省工商局审核批准后正式注册成立，位于吉林省榆树市。2009年至今，合作社发展共经历了三个阶段：①创始阶段（2009—2010年）。这一阶段，合作社资金不足，入社农户少，接受农户托管土地面积小。在创始初期，合作社的注册资本为462万元，固定资产100万元，入社农户仅有27户，农业机械设备12台，接受农户托管的土地面积56.78公顷，工作人员12名，在2009—2010年度合作社将接受农户托管的土地用于种植玉米，盈利20余万元，合作社支付给农户土地托管收益为7 500元/公顷。在创建初期，农民不愿意将手中的土地托付给合作社严重制约了合作社的经营与发展。②发展阶段（2010—2012年）。这一阶段，合作社总资产有所积累，入社农户迅速增多，2010年入社农户比2009年增加了270.37%，2011年与2012年的增长率分别为68%和65.7%。随着合作社入社户数不断上升，合作社接受农户托管的土地面积也迅速扩大。2010年比2009年土地托管面积增加了93.9公顷，2011年、2012年分别增加了127.32公顷、120.76公顷。通过规模种植实现的粮食增产是合作社的主要收入来源。除此之外，合作社的收入来源还有农业机械出租以及通过直接向厂商购买的种子、化肥等生产经营资料与市场价格形成的差价收入。2010—2012年合作社年收入增长率分别为250%、125.71%与58.22%。经过这个阶段发展，2012年合作社注册资本已经达到了651.2万元，固定资本396万元。③成熟阶段（2012年至今），这一阶段，入社农户增长缓慢，该阶段最高增长率为2014年的20%，而发展时期的最低增长率是2012年的65.47%，二者相差较大。并且2015年增长速度最为缓慢，年增长率仅有3.65%，仅增加了14户。合作社在接受农户托管土地面积方面，2013—2015年每年新增的托管土地面积分别为100.09公顷、111.8公顷、87.35公顷，虽然成熟时期合作社接受托管土地的面积继续扩大但是托管的土地面积增长幅度有所下降，实际增长量也要低于发展时期。从合作社收入增长看，2013—2015年合作社年收入增长率分别为40%、36.57%与17.15%。2012—2015年田丰合作社入社成员的土地托管收益分别为11 000元/公顷、12 000元/公顷、15 000元/公顷、11 000元/公顷，尽管农户收益在2015年有所下降，但仍比未加入合作社的农户收益高出4 000元/公顷。

（2）发展现状

截至 2016 年 1 月，合作社的注册资本 2 006 万元，与 2009 年相比增长了 1 544 万元；入社农户 398 户，增加了 371 户；接受农户托管土地的面积达到了 698 公顷，增加了 641 公顷，土地涵盖了五棵树、刘家以及先锋三个镇的十几个村，合作社规模不断扩大。目前田丰机械种植合作社共有工作人员 70 余人，是创建时期的 6 倍，设有财务部、种植部、医疗部、销售部、发展部、资金互助部等部门，并且正在筹建养老中心，合作社组织机构日益完善，功能愈加丰富。合作社通过土地托管的模式，将农户手中分散的土地连到一起，化零为整，形成规模种植，实现增产增收。托管的土地种植玉米比未托管的土地每公顷可降低成本 800 元，并能实现每公顷增产 1 000 千克。合作社是吉林省粮食丰产科技工程的主要试验区之一。2014 年，在实验田中创下了玉米单产的最高纪录，达到 14 124 千克/公顷（14％标准水），普通田地也达到了 11 351 千克/公顷（14％标准水）。2015 年玉米总产量达到 890 万千克。此外合作社还有农业机械出租业务，2015 年农业机械出租业务给合作社带来了 50 万元收入。与 2009 年相比，合作社年收入增长了 28 倍，增加了 540 万元。入社农户的收入也不断提高。2009 年至今入社农户的土地托管收入均在 10 000 元/公顷以上，2014 年达到了 15 000 元/公顷，年均能够超过未入社农户 4 000 元/公顷。合作社带领农户实现增产增收的同时，还通过建设农村基础设施，间接为农户带来了收益，如合作社为农户建设了一个占地面积达 1 500 平方米的托管中心，里面可以满足农户日常生活所需要的各种服务，如日常用品、医疗等，且农户所花费的成本要低于市场成本，节省了农户的消费支出。

（3）成功经验

——创新土地管理模式，实行土地托管经营。

合作社实行土地托管经营，农民可以将自己的土地托管给合作社，由合作社统一进行科学管理，实行全面机械化耕种。这种经营模式，可以节约成本，提高农业产值，增加农民收入。一方面，合作社直接从厂家购进农资，消除了中间商的加价，降低了交易成本。另一方面，合同中规定了农业机械服务收取费用不能高于当地市场价格，极大程度地保证了农户对生产成本的控制。同时通过统一播种、统一管理、统一收获,单产更高。入社农民将自己的土地交给合作社打理之后,他们可以有更多的选择。农户可以外出打工或者从事其他行业,也可以选择留在村里去合作社工作,合作社每年会雇佣一些把土地托管出来的农民进行农业生产。这样农民不仅每年会获得合作社支付的土地使用费,还可以通过其他渠道增加自己的收入。通过对田丰种植专业合作联合社的调研了解到,合作社每年支付给土地托管农民的费用往往高于农户自己经营土地的收益。这种托管模式既释放了农村剩余劳动力,又提高了农民参与合作社的积极性。在风险共担的原则下,实现了双赢。

——成立资金互助部。

资金互助部是合作社成立的一个全新部门,与财务部、销售部、发展部等这些传统的基础部门不同,这是田丰机械种植专业合作联合社的一个创新举措。资金互助部成立于 2014 年,本着吸股不吸储,分红不分息的原则开展内部信用合作,主要方式是社员通过入股的方式参与到合作社发展中来。具体来说就是把农民手中闲置资金集中起来,如果社员或者合作社有涉及的农业项目,可以通过社员代表大会表决,一致同意后可进行贷款。截至 2015 年末,开展信用合作的成员总数达到了 175 人,累计筹资金额 315 万元,解决缓解了农户资金短缺问题。

——建立了职业农民培训学校。

2014 年,合作社建立了"榆树市小乡现代农民职业培训学校",其中设立了许多与农业生产息息相关的专业,数量高达 20 多个,拥有 40 多名老师。现代农民职业培训学校既能承接政府相关的涉农培训任务,也可接受各类新型农业经营主体的"培训订单"。学员结业后,可到与学校合作的农民专业合作社就业,也可接受创业孵化,最终实现联合创业。截至 2014 年末,合作社接待各地农广校培训班参观学习达 15 期,吉林、黑龙江、辽宁、内蒙古等各地学习考察人员近 500 人。这个举措不仅增强了合作社的影响力度,而且有利于解决职业农民供给短缺的问题。

(4) 存在的问题

——人才和技术短缺。

合作社不断扩大土地经营面积的同时对于人才和技术的需求也在持续

增加。技术方面，合作社发展需要现代农业大规模生产和管理的先进农业生产技术以及信息网络技术等现代技术。据调研了解，整个合作社的生产过程中，与互联网的结合是很少的；人才方面，不再是只需要体力劳动者，对专业型技术型复合型人才的需求不断增加；人才和技术的短缺是合作社进一步发展的制约因素。

——筹资困难。

资金问题始终是制约合作社发展的难题。购买大型农业生产设备、建立职业农民培训学校、创建社员养老院等都需要大量资金，通过调研了解到，虽然合作社拥有一些机械设备，但是目前 100 多台价值 3 000 多万元的农机设备仍然无法抵押从银行获得贷款。可以看出，筹资困难这个问题合作社创建之初就一直存在，极大地限制了合作社的发展。

3.2.3 吉林省种粮专业合作社的优点及存在问题分析

3.2.3.1 种粮专业合作社的优点

（1）有利于土地集中规模经营

种粮专业合作社能够在保留农民土地承包经营权的基础上实行规模经营，同时集中的土地又可以在合作社统一安排下进行粮食种植。在保留农户土地经营承包权的基础上，实行土地统一种植管理，能有效提高劳动生产效率和生产力水平，有利于应对当前农村劳动力短缺、粮农老龄化、种粮技能下降的严峻形势，是解决耕地撂荒、耕作粗放、耕地产能下降、耕地资源被严重浪费的有效手段，是充分挖掘耕地潜力，增加粮食产量的重要途径，有利于促进粮食稳定发展和产量持续增长长效机制的建立。

（2）有利于提高粮农的组织化程度

发展种粮合作社，将粮农有效组织起来，可以增强粮农抵御风险的能力，同时也有利于粮食种植新技术、粮食新品种的推广。对于普通粮农而言，由于规模小、资金有限，不愿意、也不敢冒险使用种粮新技术、应用粮食新品种。相对于单个粮农而言，种粮合作社资金更雄厚，信息更灵通，便于推广种粮新技术和粮食新品种。

（3）有利于实现粮食生产机械化

合作社购买农业机械，统一安排农机作业，可以有效提高农业机械作业率和劳动生产效率。同时可以增加农机户的作业收入，缩短投资的回收周期，实现农业机械的科学配置。种粮合作社有利于实现资金、技术、劳动设备等生产要素的优化配置，从而形成专业化粮食生产区域。

（4）有利于提高粮农素质

种粮合作社通过统一技术服务和培训，可以提高社员的整体素质，增强合作社社员的市场意识、合作意识、风险防范意识和法律意识。

（5）有利于粮农增收

种粮专业合作社统一为社员提供产前、产中、产后服务，形成了产前生产资料购买、产中技术指导和产后品牌营销的一体化服务机制，增加了粮农收入，提高了粮农的种粮积极性。组建粮食专业合作社，统一供应种子、农药、化肥和其他物资，能够确保种子、化肥和农药质量；统一病虫害和杂草的防治，统一施肥、耕作、播种、浇水等田间技术管理，能够提高科学种田水平，提高粮食产量和质量，提高效率，降低生产经营成本；统一进行销售，能够降低交易成本，提高品牌效应。

3.2.3.2 种粮专业合作社存在的问题

虽然种粮专业合作社对粮食生产起到了促进作用，但由于现阶段的种粮合作社处于初级发展阶段，仍然存在一些问题。

（1）资金短缺，融资渠道不畅

资金问题是种粮专业合作社普遍存在的一个突出问题。现阶段，种粮合作社经济基础薄弱，公共积累少，多数合作社日常周转资金主要来自成员入社的股金，而合作社成员大多数是低收入人群，获得资金也有限。调研的大多数合作社表示合作社发展中缺少资金，以合作社名义贷到款的很少，大多是依靠个人关系，以合作社理事长名义贷款，或者靠朋友或单位、企业担保，方能贷到少量资金。个别社员发展生产，主要依靠个人积蓄和向亲朋借贷或利用信用社小额贷款项目解决，贷款难、融资难，严重影响着合作社的业务做强做大。目前对合作社的信贷支持仅限于三个层面：一是给加入合作社的农户提供小额信用贷款；二是给有一定经济实力和足够财产抵押的合作社贷款；三是农户联保贷款。即使勉强贷到款（民间贷款和银行贷款）利息也过高。《农民专业合作社法》对专业合作社的融资和贷款问题做出了规定：国家政策性金融机构以及商业性金融机构应该采取多种形式，为农民专业合作社提供多渠道的资金支持。但这些规定比较笼统模糊，没有金融机构执行，资金问题是制约种粮专业合作社发展的瓶颈。

（2）人才匮乏，缺少高素质专业人才

合作社社员大都是农民，文化水平普遍不高，管理人员基本是由合作社内部人员担任，其知识结构、经营管理水平相对较低，难以适应市场经济的发展。由于合作社自身条件难以吸引到高素质的专业人才参与到合作社中来，致使合作社缺少掌握农业技术、营销、财会、管理和加工等实用技能与本领的高水平员工。大部分合作社只是向农民提供有限的技术、信息、生产资料供应等方面的服务。技术服务主要是开展技术指导、经验交流和新技术引进，技术培训和示范少，技术问题仍然是合作社发展的一大瓶颈难题。同时合作社财务管理人员基本没有受过专业培训，缺乏专业知识和技能。人才匮乏，难以保证合作社的持续健康发展。

（3）运行机制不健全，管理不规范

农民专业合作社法规定合作社必须制定章程、设立规定的组织机构，包括社员（代表）大会、理事会及监事会。合作社的最高权力机构是社员（代表）大会，负责制定、通过及修改合作社的章程，选举和罢免理事会及监事会成员，对合作社的发展、经营及财务报告进行审议，审查和决定合作社的重大事项如年终盈余分配或亏损弥补等。调研中发现大多数合作社组织机构不健全、管理不规范。合作社内部管理制度不健全，有些合作社虽然制定了章程，设立了理事会、监事会、社员（代表）大会等必要机构，但流于形式，基本没有发挥作用。凡事凭主管人员决断。在实际运行中，不照规章制度办事。吉林省种粮专业合作社大多是在能人带动下发展起来的，日常管理中多以个人权威来维持管理，不重视内部规章制度的建设，具体的管理制度缺乏，如议事、监事及财务制度等。在重大项目和活动中决策不民主，合作社多是依托龙头企业、种植大户及农技机构等组建，龙头企业及大户等凭借资金技术的实力控制合作社，普通农户多处于从属地位，而社员（代表）大会只是一个形式，不起决策作用。现实中，社员很少参与决策和管理，普通社员的利益得不到保障。合作社的财务管理制度缺失，会计核算不规范。一些合作社没有基本的财务管理制度，甚至没有股权登记制度，也没有发放社员股金证。极少数合作社能够专门聘请会计人员，大多数合作社的会计人员都由内部社员出任，也没有专门的出纳人员，会计出纳均由会计一人负责。合作社的会计账簿不规范，记录的只是内部收支流水账，没有正式发票，缺乏原始凭证，收入支出入账不及时、不规范。会计核算也不规范，没有根据自己业务的特殊性设置内部科目，准确且恰当反映合作社经营情况，致使合作社盈余核算结果缺乏准确性。分配机制不健全、存在漏洞，利润怎样分配完全由合作组织领导决定。

（4）组织功能相对单一

目前，一些种粮专业合作社组织运作及功能发挥均处于较低层次，农民从合作社中得到的实惠有限。合作社仅限于为社员提供技术和信息交流，所从事的服务主要是在初级农产品的生产上，并且大多数服务还仅仅停留于产中环节，在农产品的加工、运输等产后环节参与较少，产品市场开拓及加工增值能力薄弱。因此其经营的农产品仍然以初级产品为主，产品的科技含量以及产品的附加值都比较低，这也导致了其经营的产品市场竞争力不强，产品的利润率较低。社员在整个产业链的利润分配中所得太少，产业链条短，发展后劲不足。

3.3 农业龙头企业规模经营模式

3.3.1 吉林省农业龙头企业发展概况

吉林省于 20 世纪 80 年代开始筹划农业产业化的发展模式，着手组建一批加工销售型企业，形成种养加、产供销、贸工农一体化的经营模式，以推动吉林省农村经济的快速发展。30 多年来，依托吉林省独特的区域和丰富的自然资源优势，围绕吉林省特色优势产业，吉林省通过采取贷款贴息、设立奖励资金等方式，积极扶持农业龙头企业发展，全省农业产业化水平显著提高。2014 年，吉林省农业产业化龙头企业达到 3 658 个，其中，国家级水平的重点龙头企业 47 个，省级以上水平的重点龙头企业503 个。省级农业产业化龙头企业销售收入实现 2 585 亿元，实现利润118 亿元。省级以上重点龙头企业辐射带动种植业基地 3 955 万亩，畜禽养殖量达到 3.5 亿头（只），带动 192 万种养殖农户参与一体化经营，带动农户增收 65 亿元。

3.3.2 吉林省龙头企业规模经营模式案例分析

龙头企业带动经营模式是龙头企业为发展粮食基地，提高加工粮食质量和市场竞争力，承包集体土地或流转农民承包地，从事粮食生产，获取初级粮食产品的规模经营模式。龙头企业具有雄厚的资本，与农民合作社、种粮大户、家庭农场等相比，在产品销售和资本投入等方面优势明显，产业链条更加完善。企业资本介入，缓解了农业生产资本投入不足的困境，也实现了农村土地资源的资本化、市场化。在实践中，既有企业直接经营形式，也有采取订单农业的经营形式。

案例 1　企业直接经营模式

企业直接经营模式可以促进农村劳动力转移，加速农村城市化进程。吉林省润禾滩地农业开发有限公司位于吉林省长岭县。该公司成立于 2007 年，以绿色有机特色农产品种植为主，大面积种植富硒水稻和绿色有机水稻。公司有大、中、小型农机具 60 多台套，水稻育苗机组 3 套，插秧机 22 台，联合收割机 3 台，卫星定位平地仪 1 套，智能水稻催芽器 6 套。可实现从平整治理土地、打埂、挖渠、育苗、播种到收割的全程机械化。该公司掌握了盐碱地大面积快速改造的技术方法，经过了新疆、江苏等地盐碱地改造试验，在长岭县北正镇大面积的盐碱地改造开发也获得成功，达到一年改造就可以变良田的目的。比传统改造方法提高了效率，降低了成本，缩短了改造周期，节约了水和肥的消耗。现已改造完成 8 000 亩盐碱地，水田面积达到 6 000 亩。改造的盐碱地第一年产量每公顷 5 000 千克左右，第二年可以达到 6 000 千克，第三年可以达到 8 000 千克。再如由甘肃农垦集团引领的前郭县王府节水灌溉示范区，集约土地 1 300 公顷，通过采取"四化六统一"的管理方式（"四化"即集约化经营、规模化生产、机械化作业、产业化发展；"六统一"即统一选种、统一耕种、统一施肥、统一技术、统一收割、统一销售）和实施十项高产高效栽培技术，达到了生产力解放、生产成本节约、农业生产效益提高的效果。示范区全部实施机械化作业，采用水、肥一体化膜下滴灌技术，增加了灌溉设施投入，节约劳力、水、肥、药的投入，其中，节约劳动力85%、节水60%、节肥50%、节药30%。平均每公顷产量达到1.55万千克，按玉米收购价格2.00元/千克计算，每公顷毛收入3.1万元，成本投入7 300元/公顷，投入产出比达到1：4.13。实施前示范区平均每公顷产量1.1万千克，按玉米收购价格2.00元/千克计算，每公顷毛收入2.2万元，成本投入7 000元/公顷，投入产出比达到1：3.18。项目实施前后对比公顷收入提高9 000元。示范区2 000余名农村劳动力从土地上转移出来，外出务工，按每人年1万元计算，示范区外出务工人员年收入可达2 000万元以上。整个示范区整体增加效益3 000多万元，增效明显。

案例2　订单农业经营模式

订单农业经营模式一般都要求统一生产标准，在农民良种选用和先进技术应用以及周边农民辐射带动等方面能够起到积极的作用。吉林天景食品有限公司——中国最大的鲜食玉米生产企业依托吉林省处于世界三大黄金玉米带的优势资源禀赋，建立玉米种植基地，研发出6大系列100多个玉米产品，他们把种植基地扩展到省内12个县（市）的56个乡镇，玉米种植面积已达20万亩，带动22 100多户农民致富，户均增收23 600元。公司最初实施"公司＋农户"的订单农业，随着企业和农村经济的发展，又实施了"公司＋经纪人＋农户"的种植管理模式。为促进农民增收，从2012年开始，天景公司又与种植户合作组建了30个专业合作社，给每个合作社10万元开办费、2台农用拖拉机，每年为合作社的种植户担保贷款近2亿元。九台市沐石河镇桦树村是天景公司众多合作社中的一个，2000年人均年收入不到700元，经过资金和技术帮扶，到2008年，全村750公顷耕地有720公顷种了天景玉米。目前，桦树村760户农户人均年收入超过了9 000元，家家盖了新房，村里增加了500多辆农用车、80多辆私家车。

吉林粮食集团米业有限公司是吉粮集团的全资子公司，公司筹建于2005年，注册资本12 000万元，总资产6亿元。公司以水稻加工、粮食贸易为主业。公司下属六家企业：吉林吉粮米业营销有限公司、吉林吉粮平安米业有限公司、吉林粮食集团嘉实米业有限公司、吉林粮食集团梅河谷物有限公司、吉林省金合粮库、吉林吉粮昌禾米业有限公司。年加工水稻能力为 50 万吨，拥有 9 条国际先进的精米加工生产线，是省内规模较大、功能较全的专业化稻米加工企业，也是国家级农业产业化龙头企业。吉粮米业生产的稻米产品已通过质量管理体系、环境管理体系、食品安全管理体系 3 项认证。公司采取"公司＋农户＋基地"的模式，通过农业订单，优质优价收购原料。公司也将农户的土地以协商价格租赁过来，建成公司自己的优质水稻生产基地，公司向农户提供统一规格的种子、化肥等生产资料，在农户生产过程中提供全程的技术指导和服务，指导农户按照合同要求进行标准化生产，定期进行田头监督和监管。在交割水稻时，对遵守规范生产、质量达到合同标准要求的水稻，按照与农民产前签订的购销合同进行收购（合同中往往会明确规定产品的品种、数量、质量及参考价格），收购价格往往参照市场当期价格，由于其生产的高标准要求，一般收购价格要高于即期非标准化生产的普通稻米市场价格的 15%～25%。在这种模式下，农户可以获得 2 次收入，即土地作为稀缺资源的资产收入（土地承包收入）和种植水稻的收入，充分体现了土地占有权和经营权统分结合双层经营体制。

3.3.3 吉林省农业龙头企业规模经营模式存在的主要问题分析

3.3.3.1 利益联结机制不完善

龙头企业虽然与农户合作时初步形成了"利益共享、风险共担"的利益联结，但是由于机制不健全，利益联结不够紧密，产业链条断裂、脱节及合同违约现象时有发生。企业追求的是利润最大化，由于松散的连接机制、低廉的违约成本，当市场价格明显低于订单农户时，企业可能会选择以略高于市场价格的价格进行收购或者从市场直接购买非产业化农户的农产品。当市场价格高于龙头企业的收购价格或者出现更高价格的需求方时，农户可能会选择违约。如果农户违约，企业就不能获得充足、保质的生产加工原料，由此导致企业不能正常生产，遭受严重的经济损失。此外，由于产业化参与者地位不对等，利益分配机制也不合理，农户作为群体散户无法匹配龙头企业较大规模的经济实体，无法分享规模经营带来的效益。

3.3.3.2 政策和资金扶持力度不够

目前农业产业化的资金主要来源于政府财政专项补贴、金融机构贷款以及农户和企业自有资金的积累。狭窄的资金来源渠道，难以满足农业产业化经营的巨额资金需求。从政策支持力度看，近年来，虽然政府加大了对农业的支持保护力度，制定了一系列扶持农业龙头企业发展的政策，但与其发展的实际需要相比，差距仍然较大。目前，吉林省财政支农支出占一般性财政支出的比重偏低，仅 11% 左右。设立的农业产业化资金数额少且分散，全省农业产业化基金每年 2 亿元，大多用于支持大型龙头企业，中小龙头企业得到的扶持很少。从融资平台和产品看，目前金融机构网点多集中在中心城市，县城和农村网点较少，造成农村金融服务效率低下；金融服务创新不足，金融服务偏好于大项目、大企业、大客户；农业贷款品种少，在贷款程序、利息等方面没有优惠，农业龙头企业获得贷款的优惠甚至低于二、三产业的贷款优惠，使得其融资艰难。

3.3.3.3 粮地非粮化和不可持续风险加大

一方面，企业考虑的核心是自身发展，当投入种植业收益不足时，有可能改变耕地用途从事其他生产或撤资转向。农地非农化经营，农地的数量减少和质量下降具有不可逆性。农地由良田改为建设用地后，农田水利基础设施、土壤层和农业生态环境都会随之被破坏，不仅复垦成本太高，而且复垦后的耕地质量无法保障。另一方面，农业抵御自然风险能力弱及其生产周期长的特性，决定了土地地力的培育和附属于土地上的农业设施的投入很难在短时间内收回，农业龙头企业主要集中在养殖、种植、农副产品粗加工等相对短平快的行业。其从事的农业生产经营多数属于短期行为，为追求土地的最大产出，对农地投入大量的化肥和农药，在租期结束之前进行掠夺式经营，而化肥、农药投入到一定数量会造成土地板结、有机质下降。这种种地不养地的行为将严重影响土地农产品产出的可持续性。

3.4 家庭农场规模经营模式

3.4.1 吉林省家庭农场发展概况

吉林省地处世界闻名的"黄金玉米带"，地势平坦，土质肥沃，是中国重要的商品粮生产基地。多年来,吉林省的粮食商品率、人均粮食占有量以及人均肉类占有量都位居全国前列。随着经济的快速发展,吉林省农业的发展进入转型升级的快车道,在中央政策的鼓励下,以积极地创新农业经营体制政策为核心,鼓励探索适应于现代农业发展需要的新型农业经营体制。在延边朝鲜族自治州、四平市等农村经济较发达的地区,家庭农场的发展已初见规模。

2014 年,吉林省家庭农场达到 21 558 个,其中种植业 19 242 个、畜牧业 1 375 个、种养结合 749 个、其他 192 个。经营耕地面积 343 万亩,从事粮食产业的 13 498 个,其中经营 50～200 亩的 6 338 个、201～500 亩的 4 305 个、501～1 000 亩的 2 468 个、1 000 亩以上的 387 个。经营规模主要以 50～500 亩为主,占从事粮食产业家庭农场的 79%。2014 年吉林省家庭农场销售农产品总值 27.6 亿元,比 2013 年同期增长 109%,其中 10 万～100 万元的 10 281 个,占总数的 47%。家庭农场劳动力人均销售农产品总值 4.4 万元。家庭农场中拥有农产品商标权的 156 个,通过农产品质量认证的 55 个。

从区域分布看,2014 年吉林省东部地区的延边朝鲜族自治州 715 个;中部地区的长春市 930 个、四平市 801 个、舒兰市 255 个、磐石市 679 个;西部地区的白城市 1 052 个,比 2013 年新增 804 个,增长 324%（图 3-5）。由此可见,中央 1 号文件提出"家庭农场"这一概念后,家庭农场发展的范围遍布全省,新增数量多,主要集中增长在中部地区。吉林省中部地区位于松辽平原,自然资源优越,地区地势平坦,为家庭农场规模性经营提供了得天独厚的自然条件。此外,中部地区农业经济发展水平相对较高,也促进了中部地区广大农村进行家庭农场的实践探索,为家庭农场的发展提供了有利的经济条件。2013 年以来,通过下发指导意见、探索发展模式、召开现场会议、宣传典型等措施,白城市大力发展家庭农场,家庭农场发展数量和发展质量呈现出快速提升的趋势。此外,由于特殊的区位和人文特点,延边朝鲜族自治州家庭农场蓬勃发展,截至 2016 年上半年,延边朝鲜族自治州在工商部门注册登记的家庭农场发展到了 3 080 家,经营土地面积 12 万公顷,其中流转土地面积占 86%,涉及土地流转农户 5.4 万户,加上经营土地面积 7 公顷以上的 1 万余户专业大户经

营的土地，全州规模经营土地面积为 23 万公顷，占全州耕地面积的 60%
以上。数量不断增多、规模持续扩大、效益日渐提升的家庭农场促进了延
边朝鲜族自治州农业农村经济的发展。2015 年，全州农村经济总收入实
现 155 亿元，年均增长 12.5%；农村常住居民人均可支配收入达到 1.01
万元，年均增长 10.2%；粮食总产由 2014 年的 100 万吨增加到 2015 年的
143 万吨，实现历史最高水平。

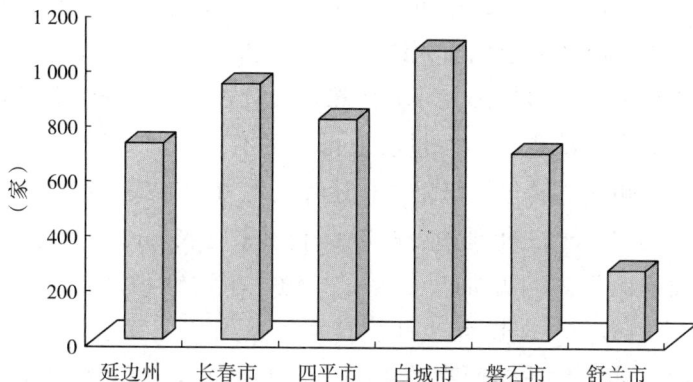

图 3-5 2014 年吉林省部分地区家庭农场数

从经营结构看，吉林省家庭农场的经营结构以种植业并以粮食生产为
主。2014 年吉林省种植业家庭农场占农场总数的 89.25%。就长春市而
言，2014 年长春市种植业家庭农场占家庭农场总数的 77%，养殖业家庭
农场占家庭农场总数的 13%；种养结合家庭农场占家庭农场总数的 10%。
就四平市而言，种植业家庭农场占 67%，其中，从事玉米、水稻大田种
植的占 57%；种养结合的占 30%；畜禽养殖的仅占 3%。就白城市而言，
种植业家庭农场占总数的 81%，养殖业家庭农场占总数的 16%，种植、
养殖、加工结合型家庭农场占总数的 3%。

从组织形式看，目前吉林省家庭农场组织形式主要分为个人独资型、
个体工商型、合伙型、公司型及其他法人型。从吉林省各市县工商部门数
据统计显示，家庭农场的组织形式呈现多样化发展。2014 年，四平市家
庭农场中，组织类型以个体工商户为主的占 80.4%，个人独资的占
19.6%。2013 年，龙井市登记注册了特色产业带动型、农场庄园型、特
色技艺展示型、景区依托型等各类家庭农场共计 93 户，其中个人独资型

77 户，占 82.8％，个体工商型 4 户，占 4.3％，合伙型 12 户，占 12.9％，注册资本分别为 7 301 万元、300.8 万元、1 001.2 万元。延边朝鲜族自治州家庭农场中，个体工商户占 67.55％、个人独资企业占 27.97％、合伙企业占 4.48％。由此可见，吉林省家庭农场的组织形式具有多样化的特点，多数地区的家庭农场主是由当地的种粮大户通过到工商局注册转变而来，多种组织形式有效地促进了家庭农场的形成与发展。

从土地流转面积看，2014 年，吉林省家庭农场共经营土地面积 3.53 万公顷，其中，流转的土地面积约占 81％，土地流转涉及农户 16 061 户。吉林省延边朝鲜族自治州人文环境特殊，大量农村青年外出务工，很多村庄出现了劳动力短缺现象，大量耕地得不到有效耕种。2008 年以来，延边朝鲜族自治州通过转包、出租、转让等土地流转方式，在全州范围内推广家庭农场模式。2011 年延边朝鲜族自治州家庭农场（含其他专业农场）土地流转面积比 2010 年增加 37.4％，城镇化率达到 67.04％，比 2010 年提高 0.84 个百分点。2012 年土地流转面积达到 76 517 公顷，比 2011 年增长 30.7％，占家庭承包面积的 40.3％。2013 年，流转土地农户 54 469 户，占全州农户数的 24％，流转土地面积 77 911 公顷，占全州耕地面积的 22％。

3.4.2 吉林省家庭农场规模经营模式案例分析

家庭农场是指以家庭成员为主要劳动力，从事农业规模化、集约化、商品化生产经营，并以农业为主要收入来源的新型农业经营主体。家庭农场应当具备以下几个条件：一是家庭农场经营者应具有农村户籍（即非城镇居民）。二是以家庭成员为主要劳动力。即无常年雇工或常年雇工数量不超过家庭务农人员数量。三是以农业收入为主。即农业净收入占家庭农场总收益 80％以上。四是经营规模达到一定标准并相对稳定。即从事粮食作物的，租期或承包期在 5 年以上的土地经营面积达到当地家庭承包户均面积 7～10 倍以上，具体标准由各地根据本地农民经营规模实际情况确定；从事经济作物、养殖业或种养结合的，应达到当地县级以上农业部门确定的规模标准。五是家庭农场经营者应接受过农业技能培训。六是家庭农场经营活动有比较完整的财务收支记录。七是对其他农户有示范带动作用。

从吉林省范围来看，家庭农场认定标准还处于探索阶段。目前，延边朝鲜族自治州、四平市、吉林市已出台了家庭农场的认定标准（表3-1）。从表3-1家庭农场认定标准分析可见，三者都涵盖了是否到工商部门注册、土地经营规模、土地流转年限及对农场主要求这几项内容。但由于吉林省农村地区经济发展水平、自然地理因素和人文社会环境存在很大的差异性和特殊性。因此，在制定家庭农场认定标准时，要因地制宜，富有弹性。

表3-1 吉林省延边州、四平市、吉林市家庭农场认定标准

认定标准	延边州	四平市		吉林市
是否到工商部门注册	是	是		是
注册资金	≥50万元（包括土地流转费、农机具投入等）			≥10万元
土地经营规模	水田、蔬菜和经济作物>30公顷；其他大田作物>50公顷；土地经营相对集中连片	粮食（玉米、水稻、大豆、杂粮）种植面积为当地家庭承包平均规模的10~15倍。露地蔬菜、瓜果、油料等大田经济作物的种植面积为当地家庭承包平均规模的5倍以上。大棚、温室等设施面积>10亩；水果业种植面积>20亩	种植型	粮食生产>100亩；露地蔬菜生产>50亩；设施蔬菜生产>30亩
			畜牧型	蛋鸡存栏>2 000只；肉鸡年出栏>5 000只；鸭存栏>2 000只；鹅存栏>1 000只；生猪年出栏>300头；羊存栏>100只；肉牛年出栏>50头；奶牛存栏>50头；兔年出栏>5 000只；鹿存栏>30只；貂、狐、貉存栏>100只

（续）

认定标准	延边州	四平市	吉林市	
土地经营规模			水产型	开展苗种或成鱼养殖，池塘养殖面积＞100亩；工厂化养殖面积＞1 000平方米，并具有循环水处理设施或设备；其他养殖方式水产品年产量＞50吨
			林地型	林地面积＞1 500亩
土地流转时间	≥10年	＞3年		＞5年
固定从业人员				＞2名，三年以上种养经验
农场主要求	有符合创办专业农场发展的规划或章程	必须是依法享有当地农村土地承包经营权的农户；应接受过相关农业技能培训		本市农村户籍并从事农业生产的农户男性＜55岁，女性＜50岁

案例1　公主岭市十屋大力家庭农场

陈大力是公主岭市十屋镇韦家窝堡农民，2013年2月，陈大力注册成立了公主岭市十屋大力家庭农场，他是吉林省第一个个人独资注册的家庭农场主。

家庭农场刚刚成立时，缺水利、缺农机、缺仓储。当时陈大力与50多个农户签订土地流转合同，耕地面积扩大数倍，随之而来的耕、收、储难度加大，风险陡升。为搞好家庭农场，陈大力不仅用房屋做抵押，还向亲戚朋友东拼西凑预先支付土地租金。家庭农场经营的第一年秋天，家庭农场的收入去掉化肥、农药等投入品和每公顷7 000元的土地租金及人工费，纯收入达到30多万元。

2013年7月，陈大力接到公主岭市农村经济管理局通知，根据家庭农场规模及经营状况，符合申报国家《农业综合开发新型农业经营主体项目》条件，可以争取资金支持。2015年，陈大力申请的"农业综合开发新型农业经营主体项目"获得批准。利用国家投入的130万元，家庭农场新增1台收割机、8口水井和1个小型储粮库。目前，陈大力的家庭农场与70多个农户签订流转合同，家庭农场的种植面积已经达到70多公顷。

案例2 公主岭市秦家屯镇春丰家庭农场

2013年3月公主岭市秦家屯镇北大榆树村村书记于国春在秦家屯镇工商部门的鼓励扶持帮助下与村里的农户签订了500多亩的土地流转合同，登记注册了"公主岭市秦家屯镇春丰家庭农场"，这是吉林省第一个个体工商型的家庭农场。家庭农场成立后，于国春家的房子成了家庭农场的办公场所，家里的四间房子分别被改成了场长室、财会室、技术室和后勤室。针对工作职能和个人特长对家庭成员进行了分工。于国春自己负责组织生产、选种、买肥、联系销售等，妻子陈牟岩负责财务、后勤，哥哥于国富负责农机作业和机器维修，两个侄子负责耕种和田间管理。家庭农场成立后，于国春新购进了多台农业机械，其中一台是价值30多万元的大型联合收割机，这种收割机一次能收割四根垄，这样，家庭农场的500多亩地十几天就能够收割完成，劳动生产率得到了成倍的提高。2013年于国春收入超过了20万元。于国春是北大榆树村的村书记，在村里有一定威信，村民们信得过他，都踊跃将自家地承包给他。郑继岩是北大榆树村的村民，他把自家的10亩地承包给于国春后，与许多村民一起进城做了瓦工。由于郑继岩手艺好，工作勤奋，每天能得到180～200元的工资，每年收入五六万元，加上每年承包土地的收入13 000元，收入水平和以前相比有了很大改观。村里很多村民与郑继岩相似，把土地承包给于国春，进城务工，收入水平明显提高，家庭农场不仅实现了规模效益，而且也带动了当地村民的增收致富。

案例3 龙井市东盛涌镇龙山专业农场

2011年延边朝鲜族自治州出台了《关于发展专业农场促进土地流转加快推进城镇化的若干意见》，确定了对经营水田蔬菜、经济作物30公顷以上，旱田50公顷以上的规模经营户认定、注册家庭农场。在政策的引导下，王立臣注册了龙井市东盛涌镇龙山专业农场。目前农场经营水稻85公顷，拥有农机16台套，从种到收实现全程机械化，年总收入200多万元。农场长年安置就业8人，吸纳临时工8人。农村土地经营权抵押贷款是近年来延边朝鲜族自治州解决农民融资难题一大创新，为破解农民融资瓶颈，全州先后创新了土地他项权证抵押贷款、"县（市）农业局＋银行＋担保公司"联合推荐担保贷款、土地收益保证贷款、"政银保"贷款等主要针对家庭农场等新型农业经营主体的大额金融贷款产品。为有效利用资金，延边朝鲜族自治州还陆续出台了多项优惠政策扶持家庭农场等规模经营主体发展。在贷款贴息政策方面，州、县财政对专业农场贷款各贴息30％；国家惠农政策方面，在工商部门注册登记的家庭农场，可享受各项国家农业财政补贴政策，不受身份和户籍的限制。农机购置补贴政策方面，在原本一次性1台套农机具购置补贴标准基础上，家庭农场可一次性享受5台套农机具购置补贴。为了提高政策性保险保额，在原农作物政策性保险基础上，家庭农场每公顷水田提高保额3 000元，旱田提高保额2 000元。对所增保费部分，州、县两级财政各补贴1/3。支农政策资金倾斜方面，捆绑使用政策性支农资金，采取以奖代补、项目扶持等形式，重点向家庭农场倾斜；税收优惠政策方面，家庭农场享受农民专业合作社法等免税收政策。得益于这些利好政策，龙井市东盛涌镇龙山专业农场在生产过程中不仅享受到了粮种补贴、购机补贴、保险等多项优惠政策，还利用土地经营权抵押贷款100万元，解决了春耕生产过程中的资金难题。通过实行规模化经营，平均每公顷耕地多增收1 000～3 000元。通过采纳应用测土配方施肥、高光效栽培、新品种应用等科学技术成果，使土地利用率增加了5％。粮食产量增加15％左右。

3.4.3 吉林省家庭农场规模经营模式的优势与存在问题分析

3.4.3.1 吉林省发展家庭农场的优势

（1）发展农业资源禀赋优越，具备推行家庭农场的自然地理条件

吉林省是农业大省，地势平坦，中部松辽平原平均海拔为110～200米。土质肥沃，土壤表层有机质含量为3％～6％，高者达15％以上。气

候条件优越，平均年降水量 500～600 毫米，日照 2 200～3 000 小时，无霜期 120～160 天，具有雨热同季特点，适宜玉米等粮食和经济作物生长，独特地理优势使其享有"黄金玉米带"之称，是我国重要的商品粮生产基地。全省耕地面积 703 万公顷，约占全省土地总面积的 30%，居全国第 9 位。黑土面积约 110 万公顷，黑土耕地约 83.2 万公顷，占全省耕地面积的 15.6%，黑土区粮食产量占全省一半以上。与全国相比较，吉林省土地总面积约占全国的 2%，耕地占全国的 4.4%左右，基本农田占全国的 4.4%左右，人均耕地 3.05 亩，是全国平均水平的两倍多，与世界平均水平大体相当。吉林省土地相对集中，利于采用现代农业机械作业，适合家庭农场经营，提高生产效率。

（2）城镇化速度较快，有利于家庭农场土地集中和规模经营

城镇化目的是为了统筹区域经济发展，缩小城乡差距，吸纳农村剩余劳动力，促进农村经济社会发展，改善农民生活，使传统农村向现代城市变迁，实现"三农"问题早日解决。目前吉林省城镇化率略高于全国平均水平。吉林省农村土地使用权流转，让农民群体发生分流；一部分人固守土地，继续扩大种植业和养殖业；一部分人进城务工，把土地流转出去，收取土地租金。吉林省城镇化进程的加快一方面为农村剩余劳动力向城镇转移创造了条件，另一方面也为家庭农场土地集中和规模经营创造了条件。

（3）典型家庭农场的引领示范，有利于家庭农场合理规划和科学发展

伴随着吉林省家庭农场数量的增多，一些典型示范农场起到了引领作用。如吉林省延边、四平、榆树等地家庭农场发展起步早，早在 2012 年延边朝鲜族自治州家庭农场就有 451 家，而且 99%实现盈利。享有"粮豆之乡""松辽平原第一仓"美誉的吉林省榆树市发展家庭农场也具有得天独厚的优势，经营规模大、产业覆盖面广、市场竞争力强。舒兰市的家庭农场涵盖了种植、养殖、林业、水产等多个领域，种养、加工及销售于一体的农业企业发展较快。永吉、九台等地家庭农场也充满了活力。经过几年的发展实践，一些典型家庭农场已经积累了较为丰富的经验，加快了农村土地经营权流转，让更多的农民认识到家庭农场的经济效益，推动了土地生产经营方式的创新，对推动全省家庭农场合理规划和科学发展起到

积极示范作用。

（4）贯彻和落实国家扶持政策，为家庭农场发展提供了更多保障

自从 2013 年中央 1 号文件发布后，吉林省重视发展多种形式的适度规模经营，包括对家庭农场的鼓励和支持。2014 年出台的《农业部关于促进家庭农场发展的指导意见》，进一步从工作指导、土地流转、落实支农惠农政策、强化社会化服务、人才支撑等各个方面提出了有关促进家庭农场发展的具体扶持措施。在国家对家庭农场的大力扶持下，吉林省政府落实国家精神，协调政府部门、银行和保险公司等机构在财政、税收、用地、金融、保险、科技培训等多方面扶持家庭农场发展，引导土地有序流转，支持农场主购买新型农机具，完善基础设施建设，让肯种地、会种地的农民从中获益。家庭农场使经营者和转让土地农民的收入都得到了提高，增加了经济效益，调动了农民的积极性和主动性。

3.4.3.2 吉林省家庭农场发展中存在的问题

（1）家庭农场所需要的土地流转制度有待完善

健康的土地流转制度有利于家庭农场规模化经营，目前吉林省土地流转制度仍然不够完善。主要表现为：①土地流转程序不规范，流转中纠纷多。吉林省的农村土地流转多数为自发流转，流转程序不规范，转让、转包、出租等流转过程中绝大部分只有口头协议，不签订合同，致使承包关系不清晰，缺乏政策法规和有效的组织形式。不规范的流转承包合同潜藏着大量的纠纷隐患。每年乡、村两级政府都要为调解流转纠纷耗费一定的人力、物力。②土地流转的市场机制尚未形成。目前，吉林省农村土地流转尚处于自发阶段，土地流转对象与范围选择空间小，流转形式比较单一，流转更多的发生在本村和亲邻之间，尚未形成土地流转的中介组织，难以通过有效的流转实现农村土地资源的优化配置。③土地流转缺乏有效的引导和管理。一些基层干部群众对土地流转认识不足，有些基层干部认为土地流转属于个人的事情，因此对土地流转不过问，缺乏必要的引导和规范。

（2）家庭农场主素质有待提高

家庭农场主作为农场核心经营者应是社会主义市场经济体系中的新型农民，应具有丰富的农业生产经验，在追求家庭农场利润最大化的同时，

还要承担起社会责任，能够诚实经营，遵守法律，团结邻里，保护环境，因此家庭农场主要具有一定文化素质、道德修养、经营意识、市场意识、现代意识、生态意识等。目前，吉林省具备上述要求的家庭农场主凤毛麟角。因为土地资源丰富，农民传统小农意识比较强，创新意识差，加上缺乏完善的教育培训体系，家庭农场主难以在担负为社会提供优质农产品责任的同时再承担对生态、环境、社会的责任。

（3）家庭农场相关政策有待完善

家庭农场是农村新的生产经营方式，作为新的经营模式需要资金、税收、保险、法律等方面的配套政策支持，目前扶持家庭农场的相关政策仍有待完善，需要形成促进家庭农场发展的长效机制。经过对吉林省家庭农场的调研可知，有的家庭农场融资困难，受经营规模和资产评估所限，迟迟得不到银行贷款，影响家庭农场购置农业机械设备等生产资料，挫伤家庭农场生产积极性；有的地方政府对家庭农场管理服务不到位，缺少专业指导服务机构和相关人员配置不足，不能及时帮助家庭农场解决发展中遇到的实际难题，影响家庭农场稳步健康发展。吉林省相关政府部门和金融机构等需要出台系列支持家庭农场稳定发展的政策，在财政税收、信贷抵押、涉农保险、扶农项目等方面进行创新，进一步积极培育扶持家庭农场的发展。

3.5 吉林省粮食规模经营中遇到的主要问题及发展重点

3.5.1 吉林省粮食规模化生产过程中遇到的问题

随着工业化、城镇化的发展，非农产业就业机会的增加，由于粮食生产的比较效益低、各种生产经营的风险大，许多青壮年劳动力都不愿在农村从事农业生产，外出从事非农产业的劳动力日益增多，剩余在农村从事粮食生产的劳动力越来越老年化和妇女化，加上农户粮食生产的土地细碎、分散经营，导致农业土地资源利用不充分。农户土地种植规模狭小，阻碍了各种现代农业生产要素在农业生产中的使用，对传统农业向现代农业的转变形成了制约。为了保证我国的粮食安全，作为粮食生产的主产省吉林省承担着更大的责任，必须充分有效地利用有限的耕地资源，增加对现代农业生产要素的投入，通过加快农村耕地的流转扩大耕地的种植规模，优化各种生产要素的配置，发展适度规模经营，以期能保证粮食产量的增加和粮农收入的提高。

近年来，吉林省粮食种植的规模生产经营发展较快，但在实际生产实践中，由于粮食生产的特性，在非农产业中效果较好的生产组织方式运用到农业生产中效率不高，通过对粮食主产区吉林省粮食规模化生产各种不同典型模式的深入调查分析，发现在粮食规模化生产经营中普遍遇到了一些问题和困境，制约着农户耕地的自由流转、劳动者素质的提高、粮食生产经营规模的扩大、农业基础设施的建设以及各种现代要素的投入，突出问题主要归纳为以下几点：

（1）土地流转期限短以及流转行为不规范，影响粮食生产规模的扩大

目前我国农村土地流转的期限大多数为短期。从笔者对吉林省农民土地流转情况抽样调查结果看，土地转包期限为1年的比例最大，达到78.24％，转包期限超过10年的很少，仅为2.12％。原因之一是由于没有规范的土地交易市场，使土地流转双方对土地价格的预期不稳，作为土地流出方的农户普遍担心一次性长时间流转的租金不会随行就市，则租金的边际收益会随时间递增而大幅降低。作为土地流入方选择短期流转的原因，除了愿意提供长时间大面积流转的农户比例较低，搜寻起来边际成本增加外，另一个重要原因是短期投资，资金流动快，回报快。因此，农村土地流转规模小，流转期短，集中程度低，土地流入方普遍倾向短期投资，不会选择进行专用性的长期资产投资，导致投机行为严重，对流入土地进行超负荷掠夺经营，降低土地利用效率，影响农业的长远利益。

目前我国农村土地流转的地理范围一般发生在本村或邻村、邻乡；流转主体的范围多为亲戚、朋友或者关系较好的村民之间；流转的契约上，大多以口头方式协议流转，或是签订没有详细规定土地流转双方责、权、利细则的简单合同，手续很不规范。《农村土地承包经营权流转管理办法》中关于的土地流转应向发包方备案的规定，并未对土地流转双方起到约束作用，村集体组织不仅存在对流出土地用途的失察问题，同时还存在替代农户流转土地，强行流转或是不签订合同流转的现象。根据实际调查结果来看，在农户间10亩以下的土地流转中，口头协议的比例达到79.06％，

书面协议的比例仅占 18.28%，有 2.66% 的农户流出土地时既没有书面合同也没有口头协议，这类农户的土地流向多为自己家子女或是三世内血缘嫡亲；在农户与工商企业、农民合作社等之间的流转中，无论土地规模大小，流转双方签订书面合同的比例都高达 98.61%。但值得注意的是，①合同格式不统一，内容条款随意，尤其在工商企业与农民的流转合同中所规定的条款，往往是不利于农民利益的不公平条款；②在合同类别的选择上普遍混乱，转包与租赁合同使用不清；③流转土地真正按法律法规规定在流转时到发包方备案的比例很小，绝大多数属于私下自发流转。同时，由于集体土地终端所有权主体的模糊性，一些村集体借土地所有者之名随意终止承包合同，通过无偿收回农民土地承包权非法转让、出租、征用农民土地，侵蚀农民的土地使用权；或者干涉农民自主经营自由权，强迫农民以土地入股；有的村干部甚至与土地流入方事先串通，搞假招标欺骗农户，通过不规范的程序，利用行政手段干预土地流转。土地流转行为的不规范必然导致土地纠纷增加。由于流转双方不签订协议或者签订的书面合同格式不规范，内容不具体等原因，导致流转双方责任不明确，流出土地农户的权益失去保障。当农户的合法权益遭受侵害时，在法律上则失去维护利益的依据。农民法制观念的相对薄弱和一些土地流入主体的不规范逐利行为，是目前农村土地流转中的有序秩序被破坏的重要原因，长久下去则会影响农业生产的稳定。

（2）农户粮食规模化生产中承包得到的土地比较分散，难以形成集中连片耕种

发展农业生产规模经营不能只是土地耕种面积数值的简单扩大，如果只是数量上的增加但并没有集中在一起种植，同样不利于大型农业机械设备的使用，不利于管理效率的提高，反而会降低农业生产的效率。通过对吉林省粮食规模化生产典型案例的调查分析，普遍反映土地面积数量虽然扩大，但由于我国实行家庭平均承包土地的制度，各家对土地流转的意愿不同，流转后的土地大多都存在"插花田"，没有集中连片，结果造成机械化作业难以顺利进行，粮食生产耕作还是主要依靠人工投入，影响了规模化生产的效率。主要是因为分散的千家万户承包的土地在承包的过程中，人为地把一部分较大面积整块的土地划割为若干小块好坏搭配分给个

人，再经过农户个人之间的自发承包租赁而得来的分散土地，仅靠承租户自己既没有意愿也没有资金能力实现土地的集中连片。

（3）农村正规金融服务缺失，制约了粮食规模经营主体对扩大生产规模的融资需求

在对粮食规模化生产模式各个典型案例的调查中，普遍反映影响种粮经营规模的主要因素之一是融资贷款难，融资困难成为制约粮食规模化生产正常运转的最大瓶颈。农业生产积累率低，靠农业的生产活动不能积累足够满足扩大粮食规模化生产的资金，同时由于规模经营主体的经营规模较大，其资金的投入也比较大，如购买种子、化肥、农药，添置农机设备，农田整理投入，晒谷场地和粮仓的建设等都需要大笔资金的投入。目前，农户贷款的主要渠道是农村信用社，从银行贷款只有成立了公司性质的农户用企业资产抵押才能获得，但贷款的数量很少不能满足生产的需要，资金缺口很大。由于相对其他行业而言，种粮的生产收益较低、积累少、生产风险大、种粮大户没有可抵押的固定资产，银信部门鉴于种粮大户没有可作为抵押的资产，都不愿向他们发放贷款。农户除了从信用社得到一部分贷款外，其余资金缺口都从民间私人渠道解决，但是民间私人筹资的利息很高，由于高息运行，在增加生产成本的同时，也给种粮大户带来了经营上的风险。

（4）部分经营主体粮食种植目标不明确

随着粮食规模化种植主体数量的不断增加，承包种植的主体对于规模化种植的目标也不同，特别是有些耕种面积较大的粮食种植主体对其粮食生产经营没有长远的规划。调查中发现有些经营主体承包很多耕地的目的主要不是为了认真地发展粮食生产，而是希望以从事粮食规模化生产的名义争取得到政府部门对其的项目资金支持或奖励资金，或是通过销售其经营的种子、农药、化肥及农机服务上获取非粮食种植增产和效率提高带来的经济利润。如果土地流转到这些生产经营主体的手中，耕地同样不能得到合理有效的利用。

（5）社会化服务体系不健全，使粮食规模化经营得不到管理部门的全方位支持

新型粮食经营主体进行规模化经营，需要社会分工和配套服务。调查

发现，种粮大户、农民合作社和家庭农场对农业科技服务要求迫切，虽然各地已建立很多基层农业综合服务部门，由于其已从社会化服务向市场化运作的商业有偿服务转变，大部分农业服务部门从事的是种子、化肥、农药的销售经营业务，真正对农户免费提供技术培训、病虫防治等农业技术的公益性服务不多。经营主体需要政府提供相关服务时，往往找不到相应的政府服务部门，在某种程度上阻碍了其发展。在发展农业规模化生产经营的过程中，必须要有农技、农经、金融、信贷、产品信息、销售等配套社会化服务，离不开政府全方位的引导，从政策上、技术上、资金上帮助发展规模化生产，克服微观经济主体只从自身目标出发可能产生的"经济外部性"给社会造成负面影响。

3.5.2　现阶段吉林省粮食适度规模经营应发展的重点模式

通过对吉林省粮食规模化生产典型案例的研究，基于现阶段吉林省的基本情况是农村剩余劳动力在短期内不能快速转移到非农产业领域获取固定的收入，在相当长的时期内还要依靠农业来解决就业和增加收入，所以在发展粮食规模化经营的过程中，需要有效地控制耕种规模，以农户的收入达到当地非农产业同等条件下劳动力所得收入相当为标准来评判规模的适度水平，同时考虑耕地粮食实物产出符合宏观政府部门对粮食安全的要求。

农业生产具有对土地等自然资源依赖性强以及劳动时间的季节性、劳动场所的分散性和劳动过程的连续性等特点，使农业生产不能像工业生产一样进行大规模的工厂化生产操作。农业生产是自然再生产和经济再生产的相互促进，农业生产主要是动植物依靠自然界的光、热、水等自然作用，经过一定的生产周期来完成，不同的季节和时间生长的规律不同，要求生产者全程关注，根据出现的不同状况及时照看好、采取有利于作物生长的措施。当其中的一个环节出现问题时就会对作物的最后产出产生较大的影响。只有以家庭为生产经营单位，才能保证农户对农业生产的过程全程单独的负责，减少决策环节，使农业生产的决策和劳动实现统一，有利于农户经营自主权得到充分的发挥。农户是我国目前农业生产经营的主要微观主体，通过家庭成员间的血缘关系组成的联合体，共同的利益追求能有效降低在其他经济组织中存在的违约和道德风险，可以克服生产成员之间劳动的监督难问题，生产成果由家庭所有，能够清晰地量化到家庭成员的身上，对劳动者将产生有效的激励，可以解决集体劳动的激励不足问题。家庭承包经营与我国现阶段农业生产力水平较低的现状是相适应的。

国内外的经验和农业生产的特点，表明发展现代农业不能采用像工业生产方式的现代企业制度模式，以农户为基本的适度规模生产经营主体将是发展我国现代农业的最主要微观组织形式。以农户家庭为主体的规模化经营制度不仅适应以手工劳动为主的传统精耕细作农业，同样适应采用先进科学技术和生产手段的现代农业。但发展现代农业还需要资金技术实力雄厚的其他生产组织为补充，通过其他经济组织适当地参与农业适度规模经营，这将更有利于我国传统农业的改造，加快农业的产业化发展，通过构建农民合作社、农业龙头企业等社会化组织共同促进粮食适度规模经营的发展。在主要以家庭农户发展适度规模经营为主的前提下，适当采取其他形式作为辅助，发挥科技创新等示范带动作用，共同实现保障我国的粮食安全和农户收入增加的目标。

4 吉林省粮食生产规模
效率的实证分析

农业适度规模经营是我国现代农业发展的基本方向，要解决我国粮食安全问题仅靠单家独户分散小规模农户的生产经营已无法实现稳定粮食生产，要提高农户的收入水平单靠耕种几亩狭小的承包责任田也无法实现，必须不断把农村剩余劳动力向非农产业转移，减少在农村从事农业生产的劳动力数量；在坚持土地家庭承包经营制度的基础上，通过促进土地使用权的自由顺利流转，从分散小规模生产向土地集中连片适度规模生产发展；不断增加现代农业生产要素的规模投入和协调配置水平，充分发挥农业生产的规模经济效应，从而提高土地产出率、劳动生产效率，增加农户的收入和稳定全国粮食的有效供给。但是，未来粮食生产主要微观经营主体的经营规模多少合适，是走美国超大农场的规模生产经营模式还是学习日本小农户的家庭经营生产模式，是我国农业经济理论界和实际工作者一直在探讨的问题。我国各地的社会经济发展情况和自然资源禀赋条件，是决定发展我国农业适度规模经营规模大小的前提决定因素。我国地域广阔，粮食作物品种多样，不可能有一个统一的数量标准适合所有的地区和作物品种，而且对于适度的衡量还将是一个动态变化的过程。本研究主要从如下方面对吉林省粮食生产规模效率问题进行分析：首先，从宏观角度对吉林省的粮食生产进行规模效率分析，分别基于吉林省的粮食生产时间序列数据，纵向测算 1982—2014 年粮食生产静态效率值，运用 2014 年吉林省 14 个粮食生产大县（市）的截面数据测算粮食生产静态效率值。利用 2005—2014 年 9 个市（州）面板数据对吉林省粮食生产的动态效率值进行测算。其次，运用调查问卷从微观角度对 2015 年吉林省不同粮食生产规模农户的粮食生产规模效率进行测算，分析现阶段吉林省粮农最适合的粮食生产规模。

4.1 DEA 模型介绍

DEA 分析法（数据包络分析法）是由美国运筹学学家 Charnes 等于 20 世纪 70 年代末最早提出，这种方法主要是由相对效率演化而来。DEA 分析法主要是对决策单元（DMU）的多项指标的投入以及多项指标的产出进行效益的评价。

DEA 分析法可以划分为规模报酬不变（CRS）和规模报酬可变（VRS）两种模型。规模报酬不变的 CRS 模型主要是用于测算综合技术效率，而这种模型的一个基本假设是决策单元（DMU）处于最优的生产规模下；与 CRS 模型不同，规模报酬可变的 VRS 模型是在生产规模可变的前提下对决策单元（DMU）进行效率分析，这种分析方法不能应用于固定生产规模模式的测算。在利用 VRS 模型进行效率测算时，可以将综合效率分解为两种效率，即规模效率和纯技术效率。因此，这种方法不仅可以用来测算规模效率的状况，还可以进一步测算纯技术效率的状况。综合效率是一个全面的衡量指标，反映各决策单元整体的效率状况，可综合代表决策单元各要素资源的配置状况和每个投入要素的技术利用状况，通过该指标可以确认决策单元资源配置是否协调合理以及要素最新技术的采用与否。技术效率是指在一定技术稳定使用过程中，给定投入变量的情况下，决策单元获取最大产出的能力，表示能否有效利用各要素的生产技术使产量最大化，它是决策单元生产产出的实际值与最优值的比较，该值代表各投入要素在使用上的效率水平，反映决策单元把握和利用现有技术能力的高低以及农业生产领域先进技术推广的有效程度和先进技术更新速度的快慢。规模效率反映决策单元是否在最合适的投资规模下进行生产经营活动，表示决策单元的投入与产出的比例是否合适，该值越高代表决策单元各要素配置比例越合理，决策单元的规模大小与生产力水平协调程度，只有决策单元的规模大小合理能使各生产要素得到充分利用，没有多余或不足的现象存在，才能保证决策单元的综合效率可能达到最佳，是对决策单元规模合理性的评价指标。根据规模效率值的大小可以用来判断决策单元的规模报酬情况，如果该值大于 1 表示决策单元处于规模报酬递减阶段，如果该值等于 1 表示决策单元处于规模报酬不变阶段，如果该值小于 1 则表示决策单元处于规模报酬递增阶段。在既定的生产技术条件下，各生产要素的生产技术潜力得到发挥，其综合效率的不佳主要原因在于决策单元的规模不合理，存在对其规模大小的调整，通过不同要素的重新配置，调整规模使其效率达到最佳。

我国农业正处于由传统农业向现代农业转变的阶段，伴随着这种转变而来的是，土地经营规模化的加深、农业结构的调整和农村劳动力的转移。这些现象均会对粮食生产规模的扩大起到积极的促进作用，同时在一定程度上也会促进粮食生产效率的提高，最终对"三农"问题的矛盾进行改善。所以，规模报酬不变的 CRS 模型不适合当前形势，而 VRS 模型则比较符合实际。DEA 分析的测算方式主要分为两种：一种是投入导向型，另一种是产出导向型。前者是指在产出数量固定的情况下，通过对投入的调整达到最优配置；后者正好相反，是在投入数量不变的情况下，以达到产出最大化的配置。因此，在 DMU 可调整投入数量时，则可以选择投入导向型进行效率测算，根据吉林省粮食生产效率分析特征，本研究选择投入导向型的 VRS 模型对其效率进行测算。

VRS 模型公式如下：

$$
\begin{cases}
\mathrm{Min}\left[\theta - \varepsilon(e_1' S^- + e_2' S^+)\right] \\
\mathrm{S.\,t.} \sum_{j=1}^{k} x_j \lambda_j + s_i^- = \theta_v X_0 \\
\sum_{j=1}^{k} y_j \lambda_j - s_i^+ = \theta_v Y_0 \\
\sum_{j=1}^{k} \lambda_j = 1 \\
\lambda_j, s^-, s^+ \geqslant 0, j = 1, 2, \cdots, k
\end{cases}
\qquad (4-1)
$$

式中，θ 表示决策单元（DMU）的效率值；ε 为非阿基米德无穷小量；x_j、y_j 表示第 j 个决策单元的投入量以及产出量；λ_j 表示决策单元（DMU）的权值；S^+、S^- 表示松弛变量。如果 $\theta < 1$，S^+、S^- 不全为 0，则表明决策单元（DMU）处于 DEA 效率无效状态；若 $\theta = 1$，S^+、S^- 中有一个不为 0，则表明决策单元（DMU）处于效率弱有效状态；若 $\theta = 1$，

S^+、S^- 均为 0，则表明决策单元（DMU）处于 DEA 效率有效状态。

而上述 DEA 模型只能测算决策单元（DMU）的静态效率值，因此本研究在进一步测算决策单元（DMU）的动态效率值时，选择 Fare 在 1994 年提出的基于 DEA 模型的 Malmquist 指数法。这种方法将全要素生产率进一步划分为综合技术效率和技术进步，如式（4-2）：

$$M_i^t = \frac{D_i^t(x^t, y^t)}{D_i^t(x^{t+1}, y^{t+1})} \qquad (4-2)$$

式中，x^t 表示投入指标；y^t 表示产出指标；$D_i^t(x^t, y^t)$ 表示当期技术效率，以第 t 期技术情况为参照；$D_i^t(x^{t+1}, y^{t+1})$ 表示 i 省的第 $t+1$ 期技术效率，以第 t 期技术情况为参照。同样，以第 $t+1$ 期的技术情况为参照，从 t 时期到 $t+1$ 时期的 Malmquist 效率指数，如公式（4-3）：

$$M_i^{t+1} = \frac{D_i^{t+1}(x^t, y^t)}{D_i^{t+1}(x^{t+1}, y^{t+1})} \qquad (4-3)$$

由于时期的选择具有随意性的特点，为了排除该特点的干扰，通常基于式（4-2）和式（4-3）Malmquist 效率指数的几何平均数来计算以第 t 期为基期到第 $t+1$ 期的全要素生产率（TFP）变化，如式（4-4）：

$$M_i(x^t, y^t, x^{t+1}, y^{t+1}) = \left[\frac{D_i^t(x^t, y^t)}{D_i^t(x^{t+1}, y^{t+1})} \times \frac{D_i^{t+1}(x^t, y^t)}{D_i^{t+1}(x^{t+1}, y^{t+1})} \right]^{\frac{1}{2}}$$

$$(4-4)$$

如若式（4-4）比 1 大，则说明从第 t 期到第 $t+1$ 期的 *TFP* 有所提高；如若比 1 小，则说明其 *TFP* 有所下降。

此外，Malmquist 效率指数全要素生产率（TFP）可以分解为综合技术效率（TEC）和技术进步（TP）两个指数，如式（4-5）：

$$M_i(x^t, y^t, x^{t+1}, y^{t+1}) = \frac{D_i^t(x^t, y^t)}{D_i^{t+1}(x^{t+1}, y^{t+1})} \times$$

$$\left[\frac{D_i^{t+1}(x^{t+1}, y^{t+1})}{D_i^t(x^{t+1}, y^{t+1})} \times \frac{D_i^{t+1}(x^t, y^t)}{D_i^t(x^t, y^t)} \right]^{\frac{1}{2}} = TEC \times TP \quad (4-5)$$

TEC 表示在规模效益固定的情况下，从第 t 期到第 $t+1$ 期综合技术效率的变动值。如若比 1 大，说明从第 t 期到第 $t+1$ 期的 *TEC* 上升；如若比 1 小，则说明 *TEC* 下降。*TP* 表示从第 t 期到第 $t+1$ 期技术创新水平、先进技术设备的学习和使用情况。如若比 1 大，说明技术进步；如若

比 1 小，则说明技术倒退。

式（4-5）中，Malmquist 效率指数中综合技术效率可以进一步划分为 VRS 假定条件下的规模效率指数（SEC）和纯技术效率指数（PEC），如式（4-6）：

$$TEC = \frac{\dfrac{D_i^t(x^t, y^t)\,|_{CRS}}{D_i^t(x^t, y^t)\,|_{VRS}}}{\dfrac{D_i^{t+1}(x^{t+1}, y^{t+1})\,|_{CRS}}{D_i^{t+1}(x^{t+1}, y^{t+1})\,|_{VRS}}} \times \frac{D_i^t(x^t, y^t)\,|_{VRS}}{D_i^{t+1}(x^{t+1}, y^{t+1})\,|_{VRS}} = SEC \times PEC$$

$$(4-6)$$

式中，第一项表示规模效率指数（SEC），第二项表示纯技术效率指数（PEC）。当 SEC 比 1 大时，表示第 $t+1$ 期更接近固定规模报酬（CRS），以第 t 期为参照；当 SEC 比 1 小时，则表示第 $t+1$ 期远离固定规模报酬（CRS），以第 t 期为参照；PEC 表明规模报酬可变（VRS）情况下效率的改善，反之，则表明效率有所退步。

4.2 吉林省宏观层面粮食生产规模效率分析

4.2.1 吉林省宏观层面粮食生产要素投入产出评价指标体系

分析评价的重要步骤之一是构建指标体系，参考与本研究采用相同研究方法的学者建立的投入产出指标体系以及遵循客观数据的有限性原则，本研究选取粮食产量为产出指标，选取种粮机械总动力、种粮化肥施用量衡量社会经济资源要素中用于粮食生产的投入资本，选取种粮劳动力衡量粮食生产的劳动力资本，选取种粮有效灌溉面积、粮食播种面积指标测算自然资源中用于粮食生产的水资源和土地资源。其中农业机械总动力、化肥施用量、有效灌溉面积和劳动力均为大农业统计口径数据，没有针对粮食生产要素方面的数据，因此本研究借鉴以往学者的处理方式将以上四种要素数据从农业生产投入要素中抽离出来。处理方式如下：

$$\frac{\text{种粮机械}}{\text{总动力}} = \frac{\text{农业机械}}{\text{总动力}} \times \frac{\text{粮食播种面积}}{\text{农作物总播种面积}} \qquad (4-7)$$

$$\frac{\text{种粮化肥}}{\text{施用量}} = \frac{\text{化肥施}}{\text{用量}} \times \frac{\text{粮食播种面积}}{\text{农作物总播种面积}} \qquad (4-8)$$

$$\frac{\text{种粮有效}}{\text{灌溉面积}} = \frac{\text{有效灌}}{\text{溉面积}} \times \frac{\text{粮食播种面积}}{\text{农作物总播种面积}} \qquad (4-9)$$

$$\text{种粮劳动力} = \text{第一产业从业人员} \times \frac{\text{农业产值}}{\text{农林牧渔产值}} \times$$

$$\frac{\text{粮食播种面积}}{\text{农作物总播种面积}} \qquad (4-10)$$

4.2.2 基于时间序列数据的粮食生产效率分析

本研究选择 1982—2014 年吉林省粮食生产投入产出数据对吉林省粮食生产效率进行测算，分析其效率指标变化趋势。在本阶段参数设置过程中，运用投入导向型的规模报酬可变的 VRS 模型，即将综合技术效率指标分解为规模效率指标和纯技术效率指标，运用 DEAP2.1 计量软件纵向测算 33 年间吉林省粮食生产的静态效率值。数据来源于《吉林统计年鉴》（1983—2015 年）。

从选取的 33 年吉林省粮食生产投入产出数据看，粮食产量的平均值为 2 186.92 万吨，最大值为 2013 年的粮食产量 3 551.00 万吨，最小值为 1982 年的粮食产量 1 000.04 万吨，标准差为 649.59 万吨。种粮机械总动力的平均值为 996.90 万千瓦，最大值为 2014 年的 2 599.60 万千瓦，最小值为 1982 年的 346.37 万千瓦，标准差为 650.84 万千瓦。种粮化肥施用量的平均值为 240.67 万吨，最大值为 2014 年的 391.93 万吨，最小值为 1982 年的 118.31 万吨，标准差为 70.67 万吨。种粮劳动力的平均值为 276.95 万人，最大值为 1993 年的 356.81 万人，最小值为 2009 年的 221.02 万人，标准差为 41.63 万人。种粮有效灌溉面积的平均值为 1 06.18 万公顷，最大值为 2013 年的 1 64.03 万公顷，最小值为 1985 年的 56.26 万公顷，标准差为 36.03 万公顷。粮食播种面积的平均值为 386.66 万公顷，最大值为 2014 年的 500.07 万公顷，最小值为 1985 年的 328.35 万公顷，标准差为 49.44 万公顷（表 4-1）。

表 4-1　1982—2014 年吉林省粮食生产投入产出情况

项目	粮食产量（万吨）	种粮机械总动力（万千瓦）	种粮化肥施用量（万吨）	种粮劳动力（万人）	种粮有效灌溉面积（万公顷）	粮食播种面积（万公顷）
平均值	2 186.92	996.90	240.67	276.95	106.18	386.66
最大值	3 551.00	2 599.60	391.93	356.81	164.03	500.07
最小值	1 000.04	346.37	118.31	221.02	56.26	328.35
标准差	649.59	650.84	70.67	41.63	36.03	49.44

数据来源：《吉林统计年鉴（1983—2015 年）》。

运用 DEAP2.1 纵向测算 1982—2014 年吉林省粮食生产的综合技术效率、纯技术效率、规模效率，结果见表 4-2。

表 4-2　1982—2014 年吉林省粮食生产的静态效率值

年份	综合技术效率	纯技术效率	规模效率	规模报酬
1982	0.767	1.000	0.767	递增
1983	1.000	1.000	1.000	不变
1984	1.000	1.000	1.000	不变
1985	0.892	1.000	0.892	递增
1986	0.860	0.964	0.892	递增
1987	0.961	0.991	0.970	递增
1988	1.000	1.000	1.000	不变
1989	0.759	0.961	0.790	递增
1990	1.000	1.000	1.000	不变
1991	0.962	0.987	0.975	递增
1992	0.927	0.979	0.947	递增
1993	0.947	0.986	0.961	递增
1994	1.000	1.000	1.000	不变
1995	0.921	0.978	0.941	递增
1996	1.000	1.000	1.000	不变
1997	0.784	0.948	0.828	递增

（续）

年份	综合技术效率	纯技术效率	规模效率	规模报酬
1998	1.000	1.000	1.000	不变
1999	0.931	1.000	0.931	递增
2000	0.714	1.000	0.714	递增
2001	0.848	1.000	0.848	递增
2002	0.901	0.901	1.000	不变
2003	0.924	0.936	0.987	递增
2004	0.955	0.973	0.981	递增
2005	0.992	1.000	0.992	递增
2006	1.000	1.000	1.000	不变
2007	0.897	0.994	0.902	递增
2008	0.995	1.000	0.995	递增
2009	0.839	1.000	0.839	递增
2010	0.932	0.983	0.948	递增
2011	0.989	1.000	0.989	递增
2012	0.997	1.000	0.997	递增
2013	1.000	1.000	1.000	不变
2014	1.000	1.000	1.000	不变
平均值	0.930	0.987	0.942	——

数据来源：由 DEAP2.1 运行所得。

由表 4-2 可见：1982—2014 年吉林省粮食生产综合技术效率指数与规模效率指数走势趋同，均呈波动性变化。33 年间吉林省粮食生产的综合技术效率平均值为 0.930，达到完全有效的年份共 10 年。综合技术效率最低的年份出现在 2000 年，仅为 0.714；综合技术效率低于 0.8 的年份共 4 年，分别为 2000 年、1989 年、1982 年和 1997 年；综合技术效率处于 0.8～0.9 的年份共 5 年，分别为 2009 年、2001 年、1986 年、1985 年和 2007 年。2006—2014 年综合技术效率呈现明显的 W 形变化，期间综合技术效率的低点为 2007 年的 0.897 和 2009 年的 0.839，到 2013 年和 2014 年吉林省综合技术效率达到了最优状态，表明近两年来，在政府的大力扶持下，吉林省的粮食生产技术得到了快速发展，生产效率不断提高。从纯技术效率看，1982—1985 年、1998—2001 年、2011—2014 年吉林省粮食生产的纯技术效率呈现较高的水平，纯技术效率为 1 的年份共有 20 年，可见吉林省粮食生产的纯技术效率水平较高，平均值已经达到了 0.987。从规模效率的变化趋势看，规模效率值最低时仅为 0.714，出现在 2000 年。2006—2014 年规模效率值也呈现明显的 W 形变化，2013—2014 年规模效率值达到了最有效的状态（图 4-1）。综上所述，1982—2014 年吉林省粮食生产的综合技术效率与规模效率指数基本重合，在此期间纯技术效率基本处于较高水平，因此综合技术效率指数主要受到规模效率指数的影响。因此未来吉林省在保持现阶段较高的粮食生产技术水平的同时，更重要的是调控好区域内粮食生产规模。

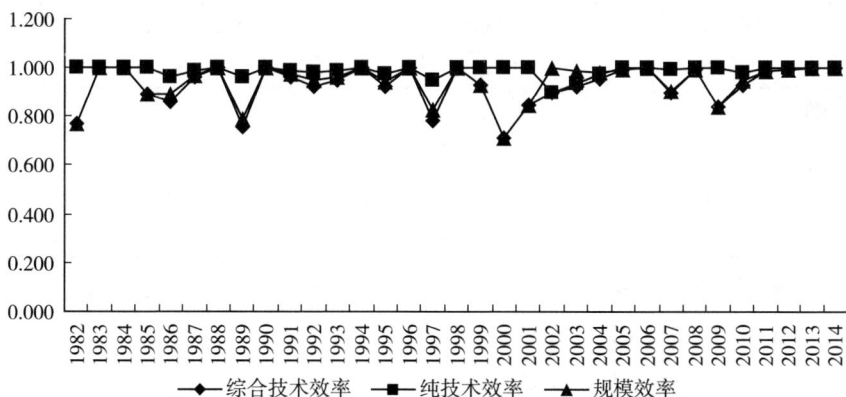

图 4-1　1982—2014 年吉林省粮食生产静态效率

4.2.3　基于截面数据的粮食生产效率分析

粮食大县（市）是我国商品粮的主要产出地，对于稳定我国粮食储备、维护国家粮食安全有着举足轻重的作用。2014 年，吉林省农安县、九台市、榆树市、德惠市、舒兰市、梨树县、伊通县、公主岭市、双辽市、东丰县、前郭县、长岭县、扶余市、镇赉县这些粮食大县（市）粮食作物播种面积 319.68 万公顷，占全省粮食作物播种面积的 63.93%，粮食产量达到 2 483.10 万吨，占全省粮食总产量的 70.29%。鉴于农安县、榆树市等 14 个产粮大县（市）粮食生产在吉林省粮食生产中的重要地位，十分有必要对其粮食生产效率进行分析，使其粮食生产投入要素得到合理配置，降低粮食生产成本，促进吉林省粮食生产乃至全省农业经济发展。

本研究选取吉林省农安县、九台市、榆树市、德惠市、舒兰市、梨树县、伊通县、公主岭市、双辽市、东丰县、前郭县、长岭县、扶余市、镇赉县14个产粮大县（市）作为决策单元（DMU）。各县（市）的粮食产量为产出指标，种粮机械总动力、种粮化肥施用量、种粮劳动力、种粮有效灌溉面积、粮食播种面积为投入指标。在参数的设置中，选用投入导向型的规模报酬可变的VRS模型，选取的14个DMU中，粮食产量的平均值为177.36万吨，最大值为335.00万吨，最小值为83.48万吨，标准差为86.17万吨。其他描述性数据见表4-3。

表4-3　2014年吉林省粮食大县（市）粮食生产投入产出数据描述

项目	粮食产量（万吨）	种粮机械总动力（万千瓦）	种粮化肥施用量（万吨）	种粮劳动力（万人）	种粮有效灌溉面积（万公顷）	粮食播种面积（万公顷）
平均值	177.36	98.26	16.76	8.83	7.90	22.83
最大值	335.00	158.90	30.17	18.14	38.40	37.89
最小值	83.48	38.12	9.04	3.08	1.43	12.09
标准差	86.17	35.79	6.91	4.58	9.22	8.57

数据来源：《吉林统计年鉴（2015年）》。

运用DEAP2.1横向测算2014年吉林省14个DMU的综合技术效率、纯技术效率、规模效率、规模报酬的增减变动，结果见表4-4。

表4-4　2014年吉林省粮食大县（市）粮食生产静态效率值

县（市）	综合技术效率	纯技术效率	规模效率	规模报酬
农安	0.976	0.985	0.991	递减
九台	0.631	0.753	0.839	递增
榆树	0.922	1.000	0.922	递减
德惠	0.832	0.911	0.913	递增
舒兰	0.731	1.000	0.731	递增
梨树	1.000	1.000	1.000	不变
伊通	1.000	1.000	1.000	不变
公主岭	1.000	1.000	1.000	不变
双辽	1.000	1.000	1.000	不变

（续）

县（市）	综合技术效率	纯技术效率	规模效率	规模报酬
东丰	0.720	1.000	0.720	递增
前郭	1.000	1.000	1.000	不变
长岭	0.611	0.631	0.968	递增
扶余	0.995	0.999	0.996	递减
镇赉	0.843	1.000	0.843	递增
平均值	0.876	0.948	0.923	

数据来源：由 DEAP2.1 运行所得。

由表 4-4 可知，在选择的决策单元中，从综合技术效率值来看，梨树县、伊通县、公主岭市、双辽市、前郭县达到了完全有效，这几个县（市）是吉林省农业发展水平较好的区域。从纯技术效率值来看，榆树市、舒兰市、梨树县、伊通县、公主岭市、双辽市、东丰县、前郭县、镇赉县达到了完全有效，但其中榆树市、舒兰市、东丰县、镇赉县综合技术效率没有达到完全有效，主要原因是受到规模效率指数的影响，说明应该加强本区域内的规模控制。从规模效率值来看，梨树县、伊通县、公主岭市、双辽市、前郭县规模效率最优，说明以上县（市）规模控制较好。从规模报酬增减情况来看，九台市、德惠市、舒兰市、东丰县、长岭县、镇赉县规模报酬递增，所以仅从规模报酬角度来看，以上县（市）扩大粮食生产规模更加有利，农安县、榆树市和扶余市的规模报酬递减，这几个县（市）粮食产出增长的比率小于投入增长的比率。从总体效率值来看，梨树县、伊通县、公主岭市、双辽市、前郭县达到了最优的状态。而粮食生产总量最高的榆树市并不突出，主要是受到规模效率的影响。

因为 VRS 模型中的松弛变量可以为非有效县（市）投入量的调整提供依据，对产粮大县（市）粮食生产效率分析的结果表明，农安县、九台市、德惠市、长岭县、扶余市的生产效率没有达到最佳，表 4-5 为非有效县（市）各个投入要素的调整量，据此得出各投入要素的最有效投入量。在各县（市）粮食产量不变的前提下，将农安县的种粮机械总动力减少 50.885 万千瓦，种粮劳动力减少 3.621 万人，种粮有效灌溉面积减少 1.040 万公顷，粮食播种面积减少 5.445 万公顷。其余 4 个县（市）以此类推，将表 4-5 中剩余的 4 个决策单元的投入要素分别相应地减少，以达到生产效率最优的配置水平。

表 4-5　非有效县（市）调整量

县（市）	种粮机械总动力（万千瓦）	种粮化肥施用量（万吨）	种粮劳动力（万人）	种粮有效灌溉面积（万公顷）	粮食播种面积（万公顷）
农安	−50.885	—	−3.621	−1.040	−5.445
九台	−25.170	—	−5.340	−2.136	—
德惠	−26.901	—	−3.752	—	—
长岭	−15.097	—	−0.403	−2.097	—
扶余	—	—	−3.955	−29.361	−2.676

数据来源：由 DEAP2.1 运行所得。

4.2.4　基于各市（州）面板数据的粮食生产效率分析

本研究上一小节中，基于时间序列数据考察了宏观视角下的 1982—2014 年吉林省粮食生产的综合技术效率、纯技术效率和规模效率。基于截面数据分析了吉林省 14 个产粮大县（市）的综合技术效率、纯技术效率和规模效率。本节将基于吉林省内市（州）域面板数据对吉林省内粮食生产全要素生产率（TFP）进行测算。综合技术效率主要反映其生产决策单元（DMU）对现有技术的利用能力，即主要体现其获得最大产出或者最小投入的效率水平。而全要素生产率的内涵与综合技术效率不同，全要素生产率主要反映的是生产决策单元的产出增长当中不能够用生产要素投入增加而解释的那一部分。比较两者可以看出全要素生产率的内涵与外延更加宽泛，其所包含的要素更全面，既包含了传统生产要素，也包含了科技水平的提高、生产方式的革新、生产制度的优化以及规模经济等要素。就静态水平值而言，综合技术效率与全要素生产率之间并没有直接的关联。两者最大的联系在于动态增量的变动。在涉及动态增量变动时，综合技术效率会成为全要素生产率增长的重要来源之一。因此本研究在对吉林省宏观层面粮食生产效率进行测算时，综合考察了吉林省粮食的全要素生产率以及综合技术效率，以便更全面地反映吉林省粮食生产效率问题。

本书利用 2005—2014 年吉林省内 9 个市（州）的平衡面板数据，对长春市、吉林市、四平市等9个决策单元进行考察，进而完成吉林省宏观层面的粮食生产效率的测算。在分析过程中，将2005—2014年吉林省各市（州）作为测算粮食生产效率的DMU，并将全要素生产效率分解。指标选取与时间序列分析相同，产出指标为粮食产量，投入指标为种粮机械总动力、种粮化肥施用量、种粮劳动力、种粮有效灌溉面积、粮食播种面积。数据来源于2006—2015的《吉林统计年鉴》。

从吉林省2005—2014年9个市（州）投入产出的面板数据来看，粮食产量平均值为3 680 052吨，最大值为长春市2013年的产量，高达9 843 699吨，最小值为白山市2005年的产量，只有153 191吨，标准差为2 872 772吨，说明近10年来吉林省粮食产出涨幅较大。种粮机械总动力平均值为206万千瓦，最大值为长春市2014年的种粮机械总动力559万千瓦，最小值为白山市2006年的种粮机械总动力31万千瓦，标准差为135万千瓦。种粮化肥施用量平均值为363 853吨，最大值为长春市2014年的种粮化肥施用量966 881吨，最小值为白山市2005年的种粮化肥施用量20 597吨，标准差为261 259吨。种粮劳动力平均值为213 210人，最大值为长春市2014年的种粮劳动力546 130人，最小值为白山市2005年的种粮劳动力37 212人，标准差为125 559人。种粮有效灌溉面积平均值为16.3万公顷，最大值为松原市2013年的种粮有效灌溉面积48.7万公顷，最小值为白山市2014年的种粮有效灌溉面积0.1万公顷，标准差为12.9万公顷。粮食播种面积平均值为524 262公顷，最大值为长春市2013年的粮食播种面积12 455公顷，最小值为白山市2005年的粮食播种面积40 196公顷，标准差为348 062公顷（表4-6）。

表4-6 2005—2014年吉林省各市（州）粮食生产投入产出情况

项目	粮食产量（吨）	种粮机械总动力（万千瓦）	种粮化肥施用量（吨）	种粮劳动力（人）	种粮有效灌溉面积（万公顷）	粮食播种面积（公顷）
平均值	3 680 052	206	363 853	213 210	16.3	524 262
最大值	9 843 699	559	9 668 801	546 130	48.7	12 455
最小值	153 191	31	20 597	37 212	0.1	40 196
标准差	2 872 772	135	261 259	125 559	12.9	348 062

数据来源：《吉林统计年鉴（2006—2015年）》。

基于 DEA 模型的 Malmquist 指数法利用面板数据（Panel Data）可以从动态的角度考虑全要素生产率因素。因此，本研究选取 2005—2014 年吉林省 9 个市（州）为决策单元，选择其面板数据运用 DEAP2.1 测算这些决策单元的动态效率值，结果见表 4 - 7。

表 4 - 7　2005—2014 年吉林省粮食生产的动态效率值

年份	综合技术效率	技术进步	纯技术效率	规模效率	全要素生产率
2005—2006	1.044	1.006	1.016	1.027	1.049
2006—2007	0.964	0.983	0.963	1.000	0.947
2007—2008	1.057	1.114	1.046	1.010	1.177
2008—2009	1.009	0.757	1.000	1.009	0.764
2009—2010	0.914	1.229	0.949	0.963	1.123
2010—2011	1.023	0.937	1.012	1.011	0.958
2011—2012	1.023	1.000	1.008	1.015	1.024
2012—2013	1.032	1.028	1.018	1.014	1.061
2013—2014	1.000	1.014	0.995	1.005	1.015
平均值	1.006	1.000	1.001	1.006	1.006

数据来源：由 DEAP2.1 运行所得。

从表 4 - 7 可以看出：2005—2014 年吉林省粮食生产全要素生产率波动较大，其中 2008—2009 年全要素生产率仅为 0.764，而 2007—2008 年全要素生产率则高达 1.177，相差 54.06％。但从平均值来看，全要素生产率仅增加了 0.6％，说明吉林省粮食生产过程中技术水平的提高、管理方式的改善等方面都具有一定程度的不稳定性。而技术进步变化指数在 2005—2014 年也有较大波动，2008—2009 年效率值为 0.757，2009—2010 年达到 1.229，期间 2006—2007 年为 0.983，2010—2011 年为 0.937，说明吉林省粮食生产有些年份出现技术倒退现象。2005—2014 年，吉林省粮食生产的规模效率指数波动不大，平均值为 1.006，主要是由于近年来吉林省粮食平均种植规模变化不大，规模效率没有发挥作用，并且 2005—2014 年，吉林省粮食生产的纯技术效率指数增减幅度也不大，平均值为 1.001，说明吉林省粮食生产的技术水平相对平稳。因为综合技术效率值受到纯技术效率值和规模效率值的影响，20 年间，纯技术效率指数和规模效率指数呈现较为平稳的波动趋势，所以综合技术效率的变化也呈现较为平稳的波动。

从图4-2可以看出，全要素生产率曲线与技术进步曲线基本保持相同的波动幅度，而综合技术效率指数、纯技术效率指数、规模效率指数基本保持较为平稳的波动。因此，可以得出4个指数对全要素生产率的贡献和影响，技术进步变化指数的影响高于其他3个指数，对全要素生产率指数的贡献最大，说明2005—2014年，吉林省粮食生产的全要素生产率主要受到技术进步的影响，综合技术指数的贡献小于技术进步指数。2005年以来吉林省的技术效率没有取得明显的进步表明了吉林省在农业技术推广与应用方面仍存在一定问题，要进一步提高粮食生产效率需要及时解决上述问题。

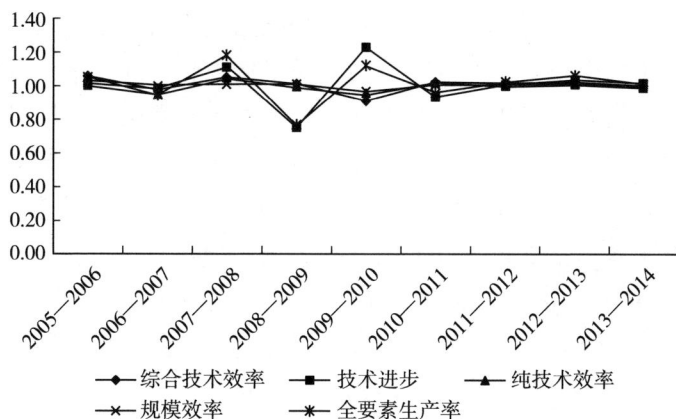

图4-2　2005—2014年吉林省粮食生产动态效率

为了比较吉林省不同市（州）粮食生产的动态效率值，运用DEAP2.1测算出吉林省10年间9个市（州）全要素生产率变化指标，结果见表4-8。

表4-8　2005—2014年吉林省各市（州）粮食生产的动态效率值

市（州）	综合技术效率	技术进步	纯技术效率	规模效率	全要素生产率
长春	1.003	0.997	1.000	1.003	1.000
吉林	1.032	0.987	1.022	1.010	1.019
四平	1.000	0.994	1.000	1.000	0.994

（续）

市（州）	综合技术效率	技术进步	纯技术效率	规模效率	全要素生产率
辽源	1.000	1.026	1.000	1.000	1.026
通化	1.011	0.983	1.006	1.005	0.993
白山	1.009	1.084	1.000	1.009	1.093
松原	0.988	0.981	0.986	1.002	0.969
白城	1.018	0.979	1.004	1.014	0.996
延边	0.997	0.975	0.987	1.010	0.972
平均值	1.006	1.000	1.001	1.006	1.006

数据来源：由 DEAP2.1 运行所得。

从表4-8可以看出，白山市的全要素生产率指数最高，10年来年均增长率为9.3%，增长幅度较大，其主要原因是吉林省其他8个市（州）相比于白山市的全要素生产率起点高，对于技术和管理水平、市场供求状况的要求相对较高。近年来，白山市通过先进的技术进步，最终实现了粮食生产的全要素生产率的增加。松原市的全要素生产率指数最低，为0.969，虽然其规模效率指数为1.002，但由于其纯技术效率指数较低，导致综合技术效率指数较低，加之其技术进步指数只有0.981，使得松原市的全要素生产率指数最低。长春市粮食生产的全要素生产率指数为1.000，说明从2005—2014年平均来看，长春市的粮食生产效率值几乎没有变化。2005—2014年，长春市粮食生产的综合技术效率指数平均为1.003，年均增长率为0.3%，技术进步指数为0.997，说明其具有创新的先进技术在开发和引进方面滞后。10年间，9个市（州）的综合技术效率、技术进步、纯技术效率、规模效率中规模效率平均值的上升导致了综合技术效率平均值的上升，最终影响了对全要素生产效率平均值的贡献。因此，未来吉林省9个市（州）粮食生产全要素生产率的提高，必须在保证加快先进的技术进步的同时，大力提高粮食生产的规模效率。

4.3 吉林省微观层面粮食生产规模效率分析

4.3.1 样本农户粮食生产经营的基本情况

本研究主要是利用粮食主产区吉林省粮食种植农户生产投入产出的调

查数据资料作为样本，用非参数线性规划数据包络分析（DEA）的方法，来测度不同规模农户粮食种植的生产相对效率，通过相对效率比较评价出最优的种植规模值。微观主体对自己的最佳经营规模目标有了一个清晰的认识就不会盲目地任意扩大规模，同时也不会只在没有效率的小规模下从事无效的劳动，宏观主体政府会制定正确的方针政策引导农户在科学的适度规模下耕种，避免造成不必要的资源浪费。

对吉林省微观农户层面的分析主要借鉴以往学者的研究，同时考虑到玉米、水稻等粮食作物的价格差异，以户为单位选取粮食销售收入作为产出指标，选取粮食播种面积、种粮投工天数和粮食生产投入费用作为投入指标。在粮食生产投入费用方面，既包括了种子（秧苗）、农药、农膜、化肥等基本物资费用，也包括了各种农业机械费用，例如机械的折旧、管理及修理费用等。同时为了确保能够全面反映粮食生产各个环节的费用，本研究特别统计了粮食在生产过程中所消耗的费用，主要包括粮食生产所使用的水电费、机械在作业中所耗费的柴油费用等。

本研究的数据来源于吉林农业大学经济管理学院农林经济管理专业本科生、硕士生于 2015 年 6 月在吉林省 9 个市（州）进行调研的数据。在实地调查中，采取随机抽样的方式选取样本，采用与农户访问座谈以及农户填写问卷调查表的形式，对农户不同粮食种植规模生产经营的投入产出情况进行了全面细致的数据收集。调查共发放问卷 312 份，其中有效问卷 300 份，有效率为 96%。

4.3.1.1　样本农户的基本情况

（1）样本农户人口特征的统计分析

在被调查的样本农户中，样本农户家庭的平均人口数为 3.7 人，人口最多的农户为 8 人，最少的为 1 人。随着我国计划生育政策的实施，很多农户基本上都是三代同堂，不像以前一样儿子多后要分家，有一部分是老人和儿媳带着小孙子在家耕种田地，儿子独自出外打工，也有一部分是儿子儿媳都外出打工，老人带着孙子在家种田或不种田。总体特征是，家庭人口为 1 人的农户占总农户数的 2%，家庭人口为 2 人的农户占总农户数的 6%，家庭人口为 3 人的占总农户数的 49%，家庭人口为 4 人的占总人口数的 19%，家庭人口 4 人以上的农户占总农户数的 24%。在样本中，一个家庭没有人外出打工的农户只占总农户数的 22%，78% 的农户都有人在外打工从事非农产业。

（2）样本农户户主年龄特征的统计分析

从调查的样本农户户主的年龄结构来看，在家从事粮食生产的农民 30 岁以下的年轻人只有 2 个，大部分青壮年外出打工或在农村从事非农产业的生产经营活动，主要是年轻人的思想观念、知识水平等因素的影响不愿在农村从事劳动强度大，经济比较效益低的农业生产。在样本农户中，40 岁以下年富力强的青壮年从事粮食生产的仅占 12%，按农业生产劳动力生产经验的规律来说，该年龄段的农民具有丰富的农业生产实践经验、身体健康状况好、接受先进农业生产技术知识的能力强，由他们耕种土地，从事粮食生产有利于土地生产率提高、农业生产要素的合理配置和充分利用，但是由于耕地的规模小，仅靠经营自家承包的几亩地从事粮食种植的收入不足以支付全家的开支，该年龄段的农民从自己的经济利益出发大部分脱离农业生产去从事劳动收入相对较高的非农产业。40 岁以上的农民占了从事粮食生产人口比例的 88%，而且 60 岁以上的比例达到了 13%。这部分人主要是因为自己的文化水平较低或身体素质原因，外出找到非农工作不容易，不得已留在家从事粮食的生产经营，他们从事粮食生产主要是粗放经营，缺乏采取现代农业生产新技术、新的耕作方法和投资农田基础设施的积极性，这导致本来就稀缺的农业资源不能发挥其最佳的潜能。

（3）样本农户教育水平的统计分析

调查样本农户总体的教育水平程度主要集中在小学和初中层次，初中水平的占 66%，超过了样本农户量的一半，文化知识只有小学水平的占 16%，总计 84% 的是初中及以下文化程度，高中及以上的教育水平的仅占 16%。通过统计数据可以看出：从事粮食生产的农户教育水平较低，粮食生产对较高文化水平的劳动力缺乏吸引力。样本统计数据表明农村的九年义务教育得到了全面的普及，但高中和农业职高的教育还需要进一步的发展与普及。因此，通过创造良好的农业生产经营环境，制定优惠的政策措施吸引更多优秀的青壮年劳动力从事粮食生产是推动粮食适度规模经营的重要途径。

（4）样本农户地理区位的统计分析

从农户的地理区位分布来看，样本农户基本覆盖了平原、丘陵和山地不同的地形。抽样调查的丘陵地区的农户样本占总样本的 25％，平原地区农户样本占总样本的 65％，山区农户样本占总样本的 10％。在调查的样本农户中，距离县城最远的为 43 公里，离县城最近的仅为 3 公里。80％的农户认为到达县城等中心集镇的交通比较方便，一般在一个小时内都能达到，这为农户往来于当地经济发达中心进行物资采购提供了便利，有利于农户从市场上获取农业生产的各种信息，不断地培养农户根据产品和要素的市场价格信号来组织生产。随着农村交通道路的改善，农户到县城或中心集镇从事短期非农活动的成本降低，这一方面有利于农民从事以非农产业为主，兼业粮食生产的活动，通过非农产业来提高自己的收入，但另一方面也制约了粮食生产的发展。在这种情况下，农户情愿自己粗放地耕种自家承包的土地，也不愿把土地流转给有丰富耕种经验和愿意扩大耕种规模的种粮大户进行规模化生产，导致粮食规模化生产发展缓慢，同时造成了很多以非农产业为主、以粮食生产为辅的兼业农户，这不利于粮食生产劳动生产率和土地产出率的提高（表4－9）。

表4－9　样本农户的基本情况

项目	分组	比例（％）	项目	分组	比例（％）
	1	2		18～29	2
	2	6		30～39	10
家庭人口（人）	3	49	年龄（岁）	40～49	43
	4	19		50～60	32
	4 以上	24		60 以上	13
	文盲	2		丘陵	25
	小学	16	地理区位	平原	65
教育水平	初中	66		山区	10
	高中	13			
	高中以上	3			

数据来源：根据农户样本调查数据整理。

4.3.1.2 样本农户不同经营规模的数据描述

借鉴已往学者的研究经验，结合吉林省粮食种植实际情况，按照调研农户粮食播种面积划分为农户所占比重较大的 1 公顷以下、1～3 公顷、3～5 公顷、5～10 公顷、10 公顷以上 5 种粮食生产规模农户（表 4 - 10）。

表 4 - 10 不同规模种粮农户种植面积分组情况

项目	1 公顷以下	1～3 公顷	3～5 公顷	5～10 公顷	10 公顷以上
调查农户数（个）	98	93	59	36	14
农户所占比重（%）	33	31	20	12	4
粮食播种面积所占比重（%）	7	20	24	29	20

数据来源：根据农户样本调查数据整理。

在被调查的农户数据中，1 公顷以下粮食生产规模农户的粮食销售收入平均值为 10 593 元，最大值为 14 800 元，最小值为 5 450 元，标准差为 3 955 元；粮食播种面积平均值为 0.71 公顷，最大值为 0.98 公顷，最小值为 0.37 公顷，标准差为 0.24 公顷；粮食生产投入费用的平均值为 4 828 元，最大值为 6 468 元，最小值为 2 535 元，标准差为 1 536 元；种粮投工天数的平均值为 156 天，最大值为 218 天，最小值为 82 天，标准差为 53 天。其他描述性数据见表 4 - 11。

表 4 - 11 不同规模种粮农户投入产出数据

项目		粮食销售收入（元）	粮食播种面积（公顷）	粮食生产投入费用（元）	种粮投工天数（天）
1 公顷以下	平均值	10 593	0.71	4 828	156
	最大值	14 800	0.98	6 468	218
	最小值	5 450	0.37	2 535	82
	标准差	3 955	0.24	1 536	53
1～3 公顷	平均值	35 153	2.24	14 560	466
	最大值	46 237	2.93	18 899	612
	最小值	15 452	1.01	6 560	213
	标准差	10 032	0.62	4 436	129
3～5 公顷	平均值	74 152	4.31	27 305	862
	最大值	86 705	4.97	31 410	998

（续）

项目		粮食销售收入 （元）	粮食播种面积 （公顷）	粮食生产投入费用 （元）	种粮投工天数 （天）
5~10公顷	最小值	51 855	3.02	19 358	601
	标准差	11 260	0.58	3 985	116
	平均值	149 967	8.28	51 336	1 571
	最大值	181 020	9.92	61 206	1 889
10公顷以上	最小值	87 756	5.03	31 639	952
	标准差	28 762	1.52	9 550	289
	平均值	258 385	14.91	89 460	2 907
	最大值	863 618	52.72	289 960	10 285
	最小值	182 356	10.08	61 992	1 960
	标准差	595 234	34.22	185 672	6 673

数据来源：根据农户样本调查数据整理。

4.3.2　样本农户不同经营规模生产效率的计量分析

运用 DEAP2.1 横向测算不同经营规模样本农户的综合技术效率、规模效率、纯技术效率和规模报酬的变动情况，测算结果见表 4-12。

表 4-12　不同规模种粮农户投入产出数据

项目	综合技术效率	纯技术效率	规模效率	规模报酬
1公顷以下	0.824	1.000	0.824	递增
1~3公顷	0.866	0.912	0.950	递增
3~5公顷	0.950	0.966	0.984	递增
5~10公顷	1.000	1.000	1.000	不变
10公顷以上	0.989	1.000	0.989	递减
平均值	0.926	0.976	0.949	—

数据来源：由 DEAP2.1 运行所得。

从表 4-12 可以看出，在被调查的决策单元中，农户粮食生产的综合技术效率平均值：5~10 公顷粮食生产规模农户达到了完全有效，之后依次为 10 公顷以上农户、3~5 公顷农户、1~3 公顷农户和 1 公顷以下生产规模农户。总体看，吉林省农户粮食生产综合技术效率差别较大，主要是受到不同粮食生产规模的发展速度、政府支持、政策鼓励等因素的影响。从纯技术效率值看，1公顷以下、5～10公顷、10公顷以上粮食生产规模农户达到了完全有效，1～3公顷、3～5公顷粮食生产规模农户的效率值也超过了0.950，纯技术效率的平均值为0.976，说明吉林省不同粮食生产规模农户粮食生产的纯技术效率整体水平较高，同时还具有一定的提升空间。从规模效率角度看，5～10公顷粮食生产规模农户的规模效率最优，说明上述农户的粮食生产规模控制较好，规模效率平均值高达0.949，仅有1公顷以下粮食生产规模农户的规模效率值没有超过平均水平，说明吉林省农户的粮食生产规模控制较为准确。从规模报酬增减情况看，1公顷以下、1～3公顷、3～5公顷粮食生产规模农户的规模报酬递增，所以仅从规模报酬角度看，以上农户扩大粮食生产规模对提高粮食生产效率更加有利；10公顷以上粮食生产规模农户的规模报酬是递减的，如果仅从规模报酬角度看，上述农户在这种情况下粮食产出增长的比率可能小于投入增长的比率；5～10公顷粮食生产规模农户的规模报酬不变，说明这种经营规模农户的规模报酬达到了最有效的状态。从总体效率值来看，5～10公顷粮食生产规模农户达到最优的状态，说明5～10公顷是现阶段最适合吉林省农户的粮食生产规模，该生产规模不会因为粮食播种面积过小、过于细碎而导致机械在空间上的频繁移动，并且可以在一定程度上解决剩余劳动力问题，提高粮食种植业劳动力利用率，实现生产要素的合理配置，从而提高生产效率。而且该生产规模也不会因为粮食播种面积过大而导致不能精耕细作，从而无法实现土地生产率提高的目标，同时，也不会受到吉林省自然资源禀赋以及城镇化、工业化发展水平的限制。

5 提高吉林省粮食生产规模效率的路径选择

5.1 新型粮食生产经营主体的培育是关键

权变理论认为，组织需要主动变化以适应新环境，否则，不适应新环境的组织将缺乏运行效率，并最终被环境所淘汰。农业经营主体的结构受到外界自然、经济、产业、制度环境的影响，并随着时间的推移不断变革，向着与环境匹配的方向发展。大市场形成、资源环境约束、需求结构转变、先进生产要素注入，使我国农业生产面临着新的环境。根据权变理论"不适应新环境的组织将最终被环境所淘汰"的结论，我国传统"小生产"为特征的传统农业组织在农业生产环境发生巨变的背景下必然会被与环境匹配能力更强的新型农业组织所替代。

农业生产组织化，也就是组织主体依据一定的原则，将生产经营规模狭小、经营分散、经济实力较弱、科技水平滞后等传统职业特征的农民采用不同方式转变为有组织的现代农民的过程。主体是农民，强调人的组织化，即成员的行为自由受到组织制度的强大约束，目标包括把传统农民转变为现代农民、引导农民进入市场、有效增加农民收入、提高农业国际竞争力，以提高农业生产效率为首要目标，更强调农业生产要素功能的协调性和合理性。组织化包括农资采购组织、农产品生产组织（含加工、技术指导）、农产品销售组织（含储运）、农业信贷组织等多种功能和组织形式，具有较强的经济性。

从新型农民培育的视角看，提高农民的组织化程度能培养适合现代农业发展的新型农民。现代农业的发展需要新型农民，新型农民不仅具有一定的技能，还要有驾驭市场的能力，以农业收入为主，以需求指导农业生产，同时以新产品引导市场。在传统农业中，农民抗自然风险意识较强，但缺乏抗市场风险意识。在现代农业发展中，农民更需要具有抗御市场风险和驾驭市场的能力。主要原因在于：一是农业生产受自然因素的影响重大，农产品自然风险大且不能依靠自身的力量进行抵御，非常有必要寻求多元的风险规避途径；二是在生产和销售过程中农民缺乏有效的信息指导，不能及时获得准确的市场信息。所以，分散的农民只能"随大流"，盲目进行生产，而被动销售；三是大宗农产品市场体系复杂，由于生产主体信息的缺乏导致农产品价格波动大，农民只能成为价格波动的受害者，在市场竞争中处于弱势地位。目前，我国仍然以传统农民为主体，要使传统农民转化为现代农民，首先必须为农民创造一个市场化、组织化的有利发展环境，增加农民收入，使农民现代化的步伐加快，而组织化就是使农民由传统向现代转变的逐步高级化过程。

从农民市场主体地位的视角看，第一，组织化可以提高农民市场参与程度及市场主体地位。在传统农业向现代农业发展的过程中，对市场的不适应是农户的最大障碍。农民在进入市场参与竞争时，面临信息、技术和资金的严重匮乏。农民在市场上面临激烈竞争，提高组织化程度能选择好的经营策略，以获得更高收益。由于农业生产资料在农业总成本中所占比重较高，同时农产品销售渠道不畅，总体效益低，这样农民加入合作组织能获得更多好处。与具有互补性、潜在高收益性的市场主体合作，农业科技成果应用和农业商品化都能加快发展，在激烈的市场竞争中能避免被淘汰的命运，组织化程度的提高能保障农民的利益。第二，组织化有利于解决小生产与大市场之间的矛盾。随着市场经济的发展，分散的农户在农业发展进程中面临诸多风险，不仅要承担自然风险、技术风险和政策风险，还要面对市场风险；农户经营主体分散，实力弱小；不能成功地进行市场预测，容易导致趋同心理；缺乏市场开拓能力，交易成本过高。组织化程度提高能够将市场分工活动内部化，这样不仅能降低农户面临的市场风险还可以节约分散农户进入市场的交易成本，改变农民的弱势地位，能在市场交易中获得"话语权"。一般来说，农户的交涉能力决定初级农产品价格水平的高低，农民的组织化程度越高，其谈判能力就越强，获得利益就越多。

从资源配置效率的视角看，组织化有利于整合资源，提高资源配置效率。土地资源是农业生产最重要的生产资料，而我国农民户均耕地规模小和细碎化，农业成本高，而收益低下，只能维持简单再生产，难以提高劳动生产率，生产力水平难以进步。组织化能通过合作方式，使大量农户联合起来进行技术或资源的互补，使土地细碎化、资金短缺与农业发展之间的矛盾得以解决；农户通过联合，可以组织农民从事规模化和专业化生产经营，获得规模经济和范围经济，而且分工能得到进一步发展，减少了市场风险，收益增加。还可以通过进行公共投资、提供信息服务、传播和推广科学技术等合作，增加农民的潜在利益。

新型农业经营主体是指具有相对较大的经营规模、较好的物质装备条件和经营管理能力，劳动生产、资源利用和土地产出率较高，以商品化生产为主要目标的农业经营组织。

近些年来，种养专业大户、农民专业合作社、家庭农场、经营性农业服务组织和农业龙头企业等经营主体如雨后春笋般崛起，这些具有规模化、专业化、集约化和市场化特征的农业经营组织被统称为新型农业经营主体。

（1）专业大户

专业大户是指在农业生产经营过程中，在分工的基础上，从传统农户中分离出来具有一定经营规模、围绕某一种农产品从事专业化生产的农户。专业大户包括种植大户和养殖大户，也称为种养大户。专业大户的核心功能是在某一特定领域实行专业化、商品化生产，稳定、增加我国农产品供给。衍生功能有：积极参与土地流转，推动土地适度规模和集约化经营；为传统农户提供技术、信息指导以及种子、机耕等服务，推动农业科技普及应用；以农村致富能手做好对传统农户的示范。

（2）家庭农场

家庭农场是指以家庭成员为主要劳动力，从事农业规模化、集约化、商品化生产经营，并以农业收入为家庭主要收入来源的新型农业经营主体。按照生产范围，一般可将家庭农场分为专业性和综合性两类。由于经济效益显著，家庭农场已成为当今发达国家现代农业的主体组织形式。家庭农场与专业大户有市场主体地位的本质区别。家庭农场的核心功能是稳定、增加并丰富农产品供给，提高农产品质量和安全系数。衍生功能有：

解决本地闲置劳动力、培育职业农民；实现现代工商企业管理模式在农村经济领域的移植和创新；以市场化手段完善农业基础设施和增加农业公共产品供给。

（3）农民专业合作社

农民专业合作社是指在农村家庭承包经营基础上，同类农产品生产经营者或者同类农业生产经营服务提供者、利用者在自愿联合、民主管理的基础上组成的互助性经济组织。我国真正意义上的农民专业合作社产生于20世纪80年代中后期，是社会主义市场经济新产物。如果以治理结构作为基本维度，农民专业合作社可以分为三大类：农民主导型、相关组织主导型和企业主导型。农民专业合作社的核心功能是通过为社员提供产前、产中、产后系列服务，连接农户和市场，解决小生产与大市场的矛盾。衍生功能有：负责土地承包及流转事宜管理、集体资产管理，改造农村集体经济以发挥双层经营体制优势；促进社员优势互补、生产互助；打造区域特色农业，促进产地市场形成；维护农村秩序，传承发扬农村优秀文化，建设社会主义新农村。

（4）经营性农业服务组织

经营性农业服务组织是指在产前、产中和产后各环节为农业生产提供专业化、市场化服务的经济组织，包括专业服务公司、专业服务队、农民经纪人等。经营性农业服务组织是以社会化服务为手段，以盈利为目标的经营机构，是相对公益性农业服务组织而言的。经营性农业服务组织的核心功能是通过市场机制，以专业化服务，提高其他农业组织生产效率。衍生功能有：用市场手段解决政府职能在农村领域的弱化与异化问题，提高资源配置的有效性；节约其他主体专用资产购置和闲置成本，提高农业资本生产效率；改善农村信息传递状况，积极参与土地流转二级市场的培育和建设；培养农业专业技术人才，推广农业科学技术以及现代经营管理知识；完善农产品流通渠道，促进产销联结，实现城乡对接。

（5）农业龙头企业

农业龙头企业，是指能为农户提供一定服务、与农户建立起较为稳定的产销关系，能带动一批农户发展商品性农业生产的农产品加工经营实体。我国农业龙头企业分为以下几种形式，分别是"龙头企业＋农户"

型、"龙头企业＋基地＋农户"型、"龙头企业＋ 基地＋ 农业工人"型、"龙头企业＋ 基地"型和"中介组织＋农户"型。农业龙头企业的核心功能是：通过农产品精深加工，延长农业产业链，提高农业比较收益。衍生功能有：与其他农业经营主体建立利益联盟，节省市场交易费用，降低和分散市场风险；发明、创新和推广农业先进实用技术、新品种；通过雄厚资金实力和现代化经营模式为农业发展提供金融支持和管理示范；通过强大的仓储、运输能力和营销网络、品牌号召实现农产品保值增值。

专业大户通过适度规模经营整合土地要素，在专业大户的基础上，家庭农场还要整合农村劳动力资源。农民专业合作社要整合本社农机、劳动力、土地、资金等要素，为本社做好服务工作。经营性农业服务组织以市场化为手段，为其他主体提供适用生产工具、技术、信息以及资本等要素服务。农业龙头企业将农村劳动力、土地等资源与企业的技术、人力、财务等资源有效地结合起来。专业大户的发展目标是成为家庭农场，家庭农场将是我国未来农业生产的主力军。农民专业合作社主要在本社成员间展开互助性生产服务，经营性农业服务组织则以市场手段为广大农户、专业大户和家庭农场提供产前、产中和产后各项服务，但产后的深加工及加工后的销售任务则主要由农业龙头企业承担。综上所述，培育新型粮食生产经营主体是提高吉林省粮食生产规模效率的有效路径之一。

5.2 农村土地制度的改革与完善是基础

5.2.1 我国农村土地制度的变迁历程

在制度的变迁过程中，制度对经济发展的绩效会产生一定的影响，制度相关主体的不断博弈会寻求能够不断优化经济发展的秩序、努力追求提高经济发展绩效的制度安排。在我国的各种制度变迁中一般分为自上而下的强制性制度变迁和自下而上的诱致性制度变迁，在农业生产领域的制度变革现阶段突出表现为土地的制度变迁。新中国成立以来，我国农业生产的制度变革随着时代的不同要求发生变动主要体现在土地制度的不断变迁过程之中。

1949 年中国共产党为实现"耕者有其田"的政治理念，通过土地改革的方式进行强制性制度变迁，通过政府命令和法律的形式得以实现。到 1952 年年底经过 3 年的土地改革使全国 3 亿多无地、少地的农民无偿获得了 7 亿亩的土地和其他农业生产资料，免去了过去每年向地主缴纳 350 亿千克粮食的苛重地租，实现了以一家一户为生产单位、土地私有制为特征的小农经济。该制度使广大没有土地的农户获得了一定的农业耕种土地，极大地提高了农户的生产积极性，使我国的国民经济很快得到恢复发展。

随着土地改革的完成，国家出于政治的原因，从 1953 年开始先后经过互助组、初级农业合作社、高级农业合作社、人民公社，最后形成了"三级所有，队为基础"的基本制度。农村集体化时期，土地由农户私人所有逐渐变为集体所有，该时期的制度变迁主要是通过强制性的制度变迁得以完成。由于没有得到广大劳动者的支持，农业生产活动长期处于效率低下的状态，农民从自身的利益出发寻求其他的制度安排，以期满足自己的要求，各地先后进行过不同的土地制度方面的探索实验，使制度向诱致性制度变迁的方向发展，但由于当时的政治经济环境的限制，没有得到进一步的向前发展。

在人民公社集体化的制度下，农业生产的效率极其低下，粮食生产一直徘徊不前，随着政治氛围的慢慢宽松，有些省份的农民在追求温饱的动力激励下，开始在集体制度之外寻求更有效的制度安排，试着包产到户，以家庭为单位进行农业生产活动。在经济利益的诱导下，开始了自下而上的以需求为动机的土地制度变迁，最终形成了家庭联产承包责任制的农村土地制度安排，这是典型的经济主体为追求自身的经济利益而自发推进的制度变迁，最终实现了以利益为导向的诱致性制度变迁。

自 1978 年我国实行农村家庭承包经营责任制开始，我国农村的土地承包制度主要依靠的是以行政手段实行的"均田制"，依照公平的原则按人口或劳动力均分集体的土地，实现了土地所有权与使用权的分离。每家每户基本上平等的按照土地质量的好坏、离家的远近，对土地进行条块分割、远近搭配分配集体的土地，调动了亿万农户的农业生产积极性。这种制度主要以公平为主，使农户拥有的土地细碎、规模狭小，阻碍了现代先进技术、耕作方法和现代机械设备的运用，对农业生产效率产生了损失，影响了我国现代农业的进一步进展。

随着我国经济的发展、工业化和城市化的推进，农村劳动力向非农产业的转移，农业现代生产要素的技术进步及其在实际生产中的大力推广，原有的小规模生产耕种方式不能适应现代农业发展的需要，客观上要求农户的生产经营规模不断扩大。对我国的土地制度提出了进一步完善的要求，特别是需要土地使用权向新型经营主体的流转。适应生产发展的要求，各项政策也在不断做出适时的调整。2002年制定的《中华人民共和国农村土地承包法》用法律的形式对土地承包制涉及的重要问题做出规定，以立法的形式保障了农户的土地财产权，允许农户在平等协商、自愿、有偿的原则下依法采取转包、出租、互换、转让或者其他方式流转土地承包经营权，进一步稳定了党在农村的土地承包政策，为耕地的规模经营提供了法律依据。2007年制定的《物权法》将土地承包经营权界定为物权，可以更加有效地促进土地承包经营权的流转。2015年，财政部、农业部选择安徽、山东、湖南、四川和浙江5个省，由省里选择一部分县市开展农业"三项补贴"改革试点。试点的主要内容是将农业"三项补贴"合并为"农业支持保护补贴"，政策目标调整为支持耕地地力保护和粮食适度规模经营。一是将80%的农资综合补贴存量资金，加上种粮农民直接补贴和农作物良种补贴资金，用于耕地地力保护。补贴对象为所有拥有耕地承包权的种地农民，享受补贴的农民要做到耕地不撂荒，地力不降低。补贴资金要与耕地面积或播种面积挂钩，并严格掌握补贴政策界限。对已作为畜牧养殖场使用的耕地、林地、成片粮田转为设施农业用地、非农业征（占）用耕地等已改变用途的耕地，以及长年抛荒地、占补平衡中"补"的面积和质量达不到耕种条件的耕地等不再给予补贴。同时，要调动农民加强农业生态资源保护意识，主动保护地力，鼓励秸秆还田，不露天焚烧。用于耕地地力保护的补贴资金直接现金补贴到户。二是20%的农资综合补贴存量资金，加上种粮大户补贴试点资金和农业"三项补贴"增量资金，按照全国统一调整完善政策的要求支持粮食适度规模经营。这一阶段的土地制度变迁是微观主体和宏观管理部门上下互动共同推动的过程。

5.2.2　我国农村土地流转面临的基本问题

（1）土地流转期限偏短，投机行为普遍

目前我国农村土地流转的期限大多数为短期。从对吉林省 12 个县市的农民土地流转情况抽样调查结果看，土地转包期限为 1 年的比例最大，达到 78.24%，转包期限超过 10 年的很少，仅为 2.12%。众多学者的研究结果表明全国的土地流转期限的分配比例大体如此。原因之一是由于没有规范的土地交易市场，使土地流转双方对土地价格的预期不稳，作为土地流出方的农户普遍担心一次性长时间流转的租金不会随行就市，则租金的边际收益必然会随时间递增而大幅降低。作为土地流入方选择短期流转的原因，除了愿意提供长时间大面积流转的农户比例较低，搜寻起来边际成本增加外，另一个重要原因是短期投资，资金流动快、回报快。因此，农村土地流转规模小，流转期短，集中程度低，土地流入方普遍倾向短期投资，不会选择进行专用性的长期资产投资，导致投机行为严重，对流入土地进行超负荷掠夺经营，降低土地利用效率，影响农业的长远利益。

（2）土地流转行为不规范，行政干预过度

目前我国农村土地流转的地理范围一般发生在本村或邻村、邻乡；流转主体的范围多为亲戚、朋友或者关系较好的村民之间；流转的契约上，大多以口头方式协议流转，或是签订没有详细规定土地流转双方责、权、利细则的简单合同，手续很不规范。《农村土地承包经营权流转管理办法》中关于的土地流转应向发包方备案的规定，并未对土地流转双方起到约束作用，村集体组织不仅存在对流出土地用途的失察问题，同时还存在替代农户流转土地，强行流转或是不签订流转合同的现象。根据吉林省实地调查，在农户间 10 亩以下的土地流转中，口头协议的比例达到 79.06%，书面协议的比例仅占 18.28%，有的农户流出土地时既没有书面合同也没有口头协议，这类农户的土地流向多为自己家子女或是三世内血缘嫡亲；在农户与工商企业、农民合作社等之间的流转中，无论土地规模大小，流转双方签订书面合同的比例较高，签订合同比例能够达到 98.61%。虽然农户与土地流入方签订了书面合同，但仍然存在一些值得注意的问题：一是合同格式不统一，内容条款随意，尤其在工商企业与农民的流转合同中所规定的条款，往往是不利于农民利益的不公平条款；二是在合同类别的选择上普遍混乱，转包与租赁合同使用混乱。三是流转土地真正按法律法规的规定在流转时到发包方备案的比例很小，绝大多数属于私下自发流转。同时，由于集体土地终端所有权主体的模糊性，一些村集体借土地所有者之名随意终止承包合同，通过无偿收回农民土地承包权非法转让、出租、征用农民土地，侵蚀农民的土地使用权；或者干涉农民自主经营自由权，强迫农民以土地入股；有的村干部甚至与土地流入方事先串通，搞假招标欺骗农户，通过不规范的程序，利用行政手段干预土地流转。

土地流转行为的不规范必然导致土地纠纷增加。由于流转双方不签订协议或者签订的书面合同格式不规范，内容不具体等原因，导致流转双方责任不明确，流出土地农户的权益失去保障。当农户的合法权益遭受侵害时，在法律上则失去维护利益的依据。农民法制观念的相对薄弱和一些土地流入主体的不规范逐利行为，是目前农村土地流转中的有序秩序被破坏的重要原因，长久下去则会影响农业生产的稳定。

（3）土地流转市场机制缺失，合理有序流转受阻

作为农业用地的一级市场，农地市场的健全将为农村土地流转提供日益规范的交易场所；作为农业用地的二级市场，农村土地流转则是促进农地市场的发育和完善的现实途径。但目前我国的土地流转市场化运作机制缺失，尚未形成规范统一的土地交易市场，使农村土地流转普遍处于无序状态。由于信息不对称的弱势，使农民在土地流转价格上不具备定价权，对土地流转主体的供需情况也无从掌握，则土地流转的范围不得已局限于村内甚至组内的狭小范围。土地流转效益的充分发挥受到制约。土地流转后的管理和监督主体缺位或"功能失灵"，使多数土地流转纠纷无人受理或没有实质性解决。同时，一些乡镇由于机构改革和换届、人员分流和调整，没有安排专人专职负责农村土地流转，资料建档不规范，在一定程度上影响了农村土地流转的顺利推进。

虽然理论上认为土地流转可以促进规模经营，但实际流转中以规模经

营为直接目的的土地流入主体比例并不与预期一致，尤其对农户间的散户流转而言，"自发性农村土地流转在适应农业规模化的发展要求方面并不具备优势"，即便一些公司、组织等流入主体大规模流入土地的初衷是促进规模经营，然而从土地规模细碎、区域分散、流转意愿差异大的农户手中，集中流入土地，连片开发仍是目前土地流转与规模经营过渡期内难以解决的实际矛盾。

（4）农村金融体系不健全，流转双方融资困难

土地流转是促进农业规模化经营的有效途径的论断已得到广大学者和政策制定者的认同。但是土地流转能否与工业化、城镇化和农业现代化进程相适应，资金问题的解决至关重要。对流出土地的农户而言，虽然土地租金可为其向城镇转移和二、三产业就业提供启动资金，但普遍户均土地规模小的农户租金不足难以与城市的物价水平相适应，农民市民化的成本变得遥不可及。对土地流入主体而言，大规模土地流入需支付大量租金，规模经营的前期成本投入大，农业特点又决定其投资回报期长，则流入后的规模经营运作资金也是土地流入方规模经营的瓶颈。因此，如何建立真正满足土地流转双方需求的有效融资贷款机制，切实解决农户和流入主体的融资困难，是目前急需解决的实际问题。虽然我国已经建立为"三农"服务的农村信用社等金融机构，但多数金融机构的商业性质使其对农村市场的信贷范围缩小，尤其农村信用社的资产质量相对差、规模相对小、信贷资源很有限，农民在土地抵押权受限的情况下，融资渠道极其不畅通，规模经营难以运行，土地流转的重要意义难以实现。

5.2.3 吉林省农村土地流转现状

从全国范围看，吉林省农村土地流转起步较晚，大范围流转始于20世纪90年代中期，即第二轮农村土地承包工作完成之后。虽然吉林省的户均土地高于全国水平，但土地流转的速度、规模和范围等却处在全国中下水平，这与吉林省的土地资源禀赋、农民的思想意识和土地流转政策环境等不无关联。但随着中央的土地流转政策向农业专业大户的倾斜，以及农业产业化发展对农产品生产基地的需求，近年来吉林省的土地流转呈现明显加快趋势。

5.2.3.1 基本特点

（1）税费改革年份成为土地流转的拐点

吉林省土地流转的一个最重要的特点是，土地流转在税费制度改革前后差别较大，改革前的土地流转数量是逐年上升的，农业税免征后土地流转数量明显下降，并随着农村劳动力回流，土地流转总面积在 2007 年达到税改后的最低点，之后从 2008 年开始迅速回升，一直延续到现在，年均增长 186.45 万亩。据农业部门资料统计，2007 年吉林省土地流转面积为 191.39 万亩，2008 年激增到 460.69 万亩，之后以年均 20.33% 的速度逐年增长，到 2015 年增长到 1 683 万亩。

（2）土地流转规模小

2015 年吉林省户均耕地面积 1.67 公顷，是全国平均水平 2 倍多。虽然整体高于国家平均水平，但土地资源禀赋决定户均耕地在全省各地区差异明显，中西部地区的户均耕地规模要远远大于东部地区。同时，吉林省二、三产业发展速度相对较慢，对农村富余劳动力转移的拉动作用较小，土地资源的保障功能在税费改革后受到广大农民的高度重视，所以，吉林省的土地流转规模与户均耕地规模关系并不显著。一些户均土地规模小的农户在非农收入预期较大的情况下倾向于全部流转土地，而户均土地规模大的农户由于其耕种技术相对成熟或者农业劳动力丰富等原因，更倾向流入土地或者仅是将部分土地流转出去，以降低非农收入的边际成。可见，户均耕地规模无论大小，最终流出土地的面积都以小面积为主。根据实地调研，样本县市的土地流转面积按地块数分，仅为 2.5 亩，东部地区由于耕地资源少，流转的地块更细碎化。

（3）自发流转比例大

由于在一个村庄的农户之间彼此熟悉，而近年发生的村集体利用行政手段违规流转土地使农民权益受到损害的事件时有发生，导致村民对亲友的信任度远远高于对村干部的信任度。另外也有一部分土地流转发生在自家的代与代之间，这种流转对农户来讲不需要委托第三方。同时，农民合作社的兴起使农民在辐射效应下的自发流转比例大幅上升，农户往往根据先参加合作社的农民的利益来对自己的土地流转做出决策，只要农民身边的人流转土地是盈利的，则会引起周围农民的"集体"流转现象，这也是吉林省经常出现整个村庄的承包土地全部流出的原因之一。据统计，全省的农户流转中，自发流转的比例已经达到 92%，而委托村集体组织流转的农户比例不到 4%。农户之间的流转占流转农户数的 73.4%，流转给亲戚朋友的占 21%。

（4）土地用途以粮食作物种植为主

作为世界三大黄金玉米带之一，全省的耕地结构中，89% 的面积用于种植玉米等粮食作物，这是吉林省黑土地自然条件决定的农作物品种选择。由于农户耕种习惯和土地地理条件的影响，流转土地的用途仍以粮食作物种植为主。需要注意的是，随着土地流入主体的多元化发展，工商企业等非农资本介入土地流转数量增多，再加上种植业比较效益低，使近年来的流转土地用于养殖、蔬菜等经济作物种植和其他非农建设的比例大幅增加，这部分用途的土地流转一般发生在城乡结合部地带。虽然用于养殖等非种植业生产经营项目的面积比重不大，但其不断增加的趋势是不容忽视的。

（5）农民土地流转的意愿差异较大

农民流转土地的意愿与劳动力转移水平密切相关，并共同决定于非农产业的发展水平。即在农村二、三产业发展慢的地区，农民的转移就业空间小，非农收入预期水平低，农民对土地的依附程度就高，则流出土地的意愿弱。相反，在二、三产业发达或者离经济中心距离较近的农村，劳动力转移的就业空间大，非农收入预期高，农民流出土地的意愿就强烈。另外，专业大户的人力资本优势使之流入土地扩大经营规模的愿望更强烈。总体上，吉林省农民流出土地的意愿在全国来讲相对较弱，在人力资本水平相对较弱的群体中表现尤为明显。吉林省东部地区的农户流出土地意愿大于中西部，而中西部地区专业大户数量较多导致该区域的土地流入意愿较强。

5.2.3.2 主要形式

随着农村经济的不断发展，吉林省的土地流转以转包为主、多种形式并存，与全国土地流转形式的比例分配大体相当。由于多数土地流转的自发性和农户间的小规模流转，使流转后的土地仅在经营主体数量上有所减少，土地细碎程度改善不大，经营方式仍为分散经营，集中连片的规模经营比例在农户主体间微乎其微。对大规模流入土地的主体而言，除了全村土地整片流转的之外，均存在流入土地规模不能满足规模要求的问题，而可以做到整村流转的主体必须具备资金、技术、人力等多种资本条件，根据实地调研，目前工商企业、农民合作社是吉林省大规模流入土地的主体，而且这些主体所占比例有逐年加大的趋势。

（1）转包

根据转包主体不同，转包可以分为普通农户流入、专业大户承包和集体组织代为转包，由于普通农户流入土地总量不大，本研究重点介绍专业大户承包和集体代为转包两种形式。专业大户承包土地有两种途径，一种是农户自身或是在本村村民的带动下自发向其流入，另一种是农户将土地交由村集体，委托其代为转包。两种形式下的土地流入效果并不相同，第一种自行转包的方式不能保证土地的集中性，往往专业大户的总体规模分散在若干地块之上。第二种由村集体代为转包的效果从规模经营的角度上看优于第一种，尤其是在经济发展相对较快、劳务输出工作领先的地区，往往出现整村村民将土地交给村集体，再由村集体通过招标等方式流转给外村的专业大户，土地集中连片，规模效益明显。

（2）租赁

通过租赁形式获取土地承包经营权的主体一般是工商企业、农民合作社和城市居民等。近年来随着大量非农资本下乡，租赁形式比例在全国大幅度上升，吉林省也不例外。这些经济主体流入土地很少从事初级种植业生产，一般进行高效农业开发或者非农项目开发，由于这两种经营项目的投资回报率远远高于农业，所以土地流入主体支付给农民的租金一般高于农民自己耕种土地的经营收入，同时降低了非农收入的边际成本，使在经济利益驱动下农户流出土地的意愿增强，经济主体流入土地的需求也不断加大。租赁形式可以解放更多的农业劳动力，加快劳动力转移，加速城镇化进程；而流入土地的集中开发，则为规模经营提供基础条件，从而提高农业生产效率。租赁的另一种形式是反租倒包。该形式是由集体经济组织将之前从农民手中租过来的土地以更高的租金出租给其他的农业经营者的形式。这种形式的特点是：村委会作为土地流转的中介，"反租"农民的土地，然后"倒包"给法人组织或大户，用于解决农业园区、生产基地和开发项目的规模用地。在土地流转过程中，明确各方利益分配关系，分别签订集体与农民、集体与农业企业间的租赁合同。租金付给方式可以是现金，也可以是实物。但由于实际流转中一些乡村推行的土地流转存在不少违背农民意愿、损害农民利益的现象，有的把土地流转作为增加乡村收入的手段，与民争利；有的随意改变土地承包关系，强迫流转，长时间大面积转租给企业，这就违背了国家日益重视并反复强调的农户是土地流转主体的基本前提，使"反租倒包"在2001年中央发布的《关于做好农户承包地使用权流转工作通知》中被明令禁止。由于反租倒包的规模效应明显，尽管村集体组织充当中介身份并从中获取部分利益，但是在经济水平落后的村庄，农民享受流转后的租金收益和土地收益比流转前要多，使得这种形式存在买方市场，并在政策不允许的条件下，以多种方式隐秘存在。

（3）股份合作

这种形式在经济发达的东部沿海地区发展较快，近年来吉林省的股份合作形式发展也比较迅速，比较典型的是吉林省榆树市弓棚子镇长山村的农机股份合作社。该合作组织按企业股份制经营方式，吸收当地农户以土地折价入股开展合作式经营。全村共有农户960户，其中有258户农民将其承包的205公顷土地交给合作社进行多种项目经营，另有205公顷交给合作社统一耕种，全程机械化作业，实行承包农户分户管理，实现规模经营，提高规模收益。股份合作形式的优点在于，实现家庭经营基础上的土地规模经营，通过土地经营权入股，农户积极性高，而集中经营项目多样化能兼顾合作社与农民的利益，解决农户小生产与大市场的矛盾。但由于吉林省农民思想意识相对保守，农民更多担心该种形式的收益保障问题，使得土地股份合作形式在吉林省的流转面积比例很小。

（4）互换

互换的流转形式即农户所说的"串地"，通常是农户或集体经济组织为便于规模经营的土地连片开发，在自愿互利的基础上，与其他农户交换其承包地块进行经营。互换后原土地承包关系，在流转双方协商基础上可以由原承包者承担，也可以随互换转移。土地流转初期，互换多为农户间自发的流转行为。近年来，一些乡镇政府也将互换作为协调发展用地的有效手段。各地兴建的日光温室群、路边经济带等，大部分都是由当地政府统一协调互换而形成的。互换对土地集中开发的效果显著，但存在基层政府利用行政手段强迫农民流转或集体寻租的现象，也存在个别素质稍低的农户不配合流转，使该形式的交易成本上升的问题。

（5）土地托管

土地托管是农民把自己的土地委托给一个社会化服务组织（例如供销社或农民合作社），由该组织为农民提供一个、几个或全部生产环节的服务，土地承包经营权及农产品仍是农民的。即社会化服务组织代为耕种管理，要向其交纳一定的管理费用，丰收后粮食等实物归农户，也可按照约定将粮食产量折算成现金付给农户。土地托管形式上分为半托管和全托管。提供一个或几个环节服务的称为半托管，提供全部环节服务的称为全托管。托管是在保证农民对土地的承包权、经营权和收益权前提下，无论收入多少，去除托管服务费用后都交给农民。土地托管可以实现批量购买种子、化肥、农药等生产资料，统一除草、防虫、防病、规范使用农药，便于采用更加科学的种植方式，更加有效的田间管理和先进的机械耕种收割，实现劳动力与各种生产资料的有效配置，节约成本，增加农户收益。吉林省作为全国粮食商品率较高的粮食大省而言，在过去的几十年内农民一直保持着较高的种粮积极性。不论是在粮食播种面积、还是在粮食生产性投入方面，都保持着较高的种植和投入比例，其根本原因在于粮食生产在农民家庭的经济生活中占据了重要地位，粮食生产是农民家庭收入的主要来源，农民收入与粮食生产之间有着较高的依赖关系。正是这种长期的以粮食生产为主的收入结构，成为吉林省农民在较长时间内保持种粮积极性的重要支撑。尽管当前农户对种粮保持着一定的热情，但随着工业化进程的加快，经济结构调整力度的加大和产业优化升级的促进，农村家庭纯收入中工资性收入的不断增加，粮食生产收入所占比例的不断下滑必然会成为一种趋势。当粮食生产收入下降到使得其收入不足以对农户家庭人均收入产生影响时，农户对种粮行为的积极性势必会减弱。因此，稳定和不断增加农户的种粮收入是提高农户种粮积极性的关键。事实上，在当前非农就业机会和种粮成本不断增加的形势下，增加非农收入已成为农民增收增效的有效路径，而增加粮食生产收入变得越来越难，这使得土地托管对于提高农户种粮积极性成为可能。一方面，种粮卖粮风险变数大，增产增效提价增收难。受全球气候变化因素的影响，近几年东北地区的 7—9 月频频出现异常天气情况。农作物受风灾、虫灾、风雹灾、洪涝灾害和旱灾的影响较为频繁。如 2012 年大面积的风灾和虫灾、2013 年的洪涝灾害、2016 年的旱灾都对吉林省的农作物生长产生了较大影响。而春季出现的异常低温现象，大大延迟了玉米的春播时间，这给一些粮食经营主体都带来了一定损失。另一方面，工资性收入增速明显，农民外出就业观念意识增强。"十一五"期间，吉林省农民工资性收入年均增长率为 15.4%、家庭经营纯收入增长率为 12.4%，但粮食产量年均增长率仅为 1.1%。如果种粮收入增幅比例持续下滑，必然会引发农户种粮积极性的下降。因此，若要农户保持较高的种粮积极性，就必须提高种粮主体的总收入，即在不影响农民外出务工收入增加的前提下，改变农户的耕地经营规模和土地分配关系，将土地进行集中，由多数向少数人集中，由零星分散种植变为专业、科学、规范种植。通过创新农业经营体制，发展农村土地托管，显著增加农户来自土地的收入变得十分必要。土地托管后便于经营主体将一些新科学、新方法应用到大田作业中，通过改良土壤品质，合理的平地整地，不但可以提高种子的出苗率，而且还可以提高土地产出率，最终提高粮食产量。可以有效解决没钱种地、没有劳动力种地、外出打工难以兼顾种地的难题。目前，土地托管模式在吉林省发展较快，例如榆树市开展土地托管业务的合作社已经发展到 220 多家，托管农户达到 4 万多户，经营土地面积达到 75 万亩以上，占总规模经营面积的 40% 以上。

5.2.3.3　流转趋势

随着吉林省农业经济结构调整，工业化、城镇化进程的加快，现代农业的发展对土地流转提出更高要求。从近年土地流转情况看，在国家政策指引下，吉林省土地流转在未来一段时期内必然呈规模不断扩大、速度不断加快的趋势。

（1）土地流入主体多元化

近年来，由于吉林省农产品资源优势，大量工商企业、农业产业化龙头企业等农业外经济主体介入土地流转，按照相关调查结果统计，当前吉林省土地流入主体至少可以分为农户（包括专业大户）、工商企业（包括农业产业化龙头企业)、农民合作经济组织以及城市居民等四大类主体，多元化发展趋势明显。由于农业外经济主体多具有资金雄厚、技术先进等方面优势，其提供的土地流转租金对农户构成吸引，使土地流转存在供需市场，流转双方容易达成协议。比如吉林省很多龙头企业在优惠政策下，以中央提倡的"公司中介订单农户"的形式介入农地经营，其土地流转的实质是某地域农户将土地集中起来，在合作社的中介作用下，与企业签订订单，按其要求配置各种生产要素，农民获得土地租金的前提下仍从事原来的家庭经营，并获得就业机会和工资性收入。该形式因农民收入提高且有保障受到广大农户的普遍欢迎，龙头企业也通过订单农业的形式降低交易成本和培养雇工的技术成本等生产边际成本，使吉林省大多数的龙头企业在农地经营中以基地培育为主。

(2) 土地流转地域向外扩展

土地作为重要的生产要素，在市场机制作用下寻求效用最大化已成为必然。目前，从流转地域上看，土地流转出现由城市近郊、城乡结合部向远郊及欠发达农区扩展的趋势。比如扶余县大林子镇和榆树市光明乡的地理位置虽远离大中城市，但土地流转速度和规模却与近郊农村旗鼓相当。随着市场经济发展，吉林省土地流转规模较大的地区，正在由过去单纯追求扩大土地面积，提高产品产量，向发展优质、高效、特色农业转化，并以基地化、园区化作为土地规模经营的实现形式。

(3) 土地流转模式不断创新

土地流转是生产力和生产关系矛盾运动的必然产物。为适应农村生产力发展需求，各地在农村经营管理体制创新上进行了诸多有益探索。"股田制"和土地股份合作制等新的土地流转模式，由于农民收益增长明显而将加快发展速度并不断完善。新型合作经济组织的出现和兴起，则迅速改变了以往农户间以转包、转让、互换等初级形式流转的随意性，大大提高了农民的组织化程度和土地集约化水平。

5.3 现代粮食生产物质投入的强化是保证

发展粮食生产的物质投入主要体现为劳动替代型的机械设备、土地替代型的生物化学物质和土地改良型的农田基本建设。通过现代粮食生产要素的不断投入来提高劳动生产率和土地生产率，实现粮食增产和农民增收。承载着现代农业先进科学技术的机械设备和生物化学粮食生产物资应该成为提高粮食生产效率的重要手段，通过现代粮食生产物质要素的不断投入实现我国传统农业向现代农业的转变，使粮食适度规模经营成为主要的粮食生产方式。

5.3.1 劳动替代型的机械设备投入

劳动替代型的物质设备主要包括各种机械设备，通过机械技术的进步，用机械动力来代替人力和畜力，降低农业劳动的强度、减少农业劳动的时间，提高劳动生产效率进而提高农户的经济效益。农业机械设备具有专用性和不可分性的特征，如果农户生产经营规模过小，则农机就不能得到充分利用，结果是农户投资过高、回收期较长和收益较低。此外，有些农机因为地块过小根本无法使用，农户不能从科技进步中享受到经济效益的提高。可见，农业机械设备的使用对农业生产经营的规模提出了较大的要求，只有在较大规模的耕地上才能发挥较佳的作用。

目前，我国正处于从传统农业向现代农业转变的关键时期，现代农业的重要标志之一是农业机械的单位面积拥有量。农民合作社、种粮大户、家庭农场等新型农业经营主体的发展对农业机械化发展提出了更高的要求。从吉林省农业机械化发展现状看，①农业机械装备总量持续增长，结构进一步优化。吉林省的农业机械总动力主要由大中型拖拉机、农用小型拖拉机、大中型引用农具，农用排灌动力机械和粮食加工机械等设备组成，其数量和构成可以基本反映出吉林省农业机械化的总体水平。近些年来，吉林省农机装备的发展速度较快，2002 年农业机械总动力为 1 151 万千瓦，2014 年则达到 2 919 万千瓦，增长 153.61%。2014 年大中型拖拉机和大中型机引农机具数量分别达到 480 824 台和 811 032 台，是 2002 年的 13.44 倍和 10.93 倍，小型拖拉机 660 819 台，是 2002 年的 1.47 倍；农用排灌动力机械数量 461 169 台，比 2002 年增加 84 830 台。粮食加工机械也由 2002 年的 91 565 台增加到 2014 年的 121 549 台，增加了 29 984台。联合收割机由 2002 年的 259 台增加到 2014 年的 46 677 台，增加了

179 倍。农机装备的结构得到了进一步优化：一是大中型农机具增加速度明显大于小型农机具，在整个农机具中所占的比例越来越大；二是一些先进的高性能的现代农机具已进入农业生产领域，增幅较大。②耕、种、收农机作业的现代化水平稳步提升。近些年来，国家出台了多项支农惠农政策，特别是购置农机具的补贴激励政策，极大地提高了吉林省农机化水平。农机装备数量的不断提高和结构的进一步优化，可以极大地改变农业生产方式，可以大幅度增加农机作业项目和不断扩大农机作业领域。2014年吉林省的机耕、机播、机收面积分别为 498.01 万公顷、500.46 万公顷和 291.70 万公顷，比 2002 年分别增加了 343.06 万公顷、291.92 万公顷和 286.93 万公顷。农村用电量由 2002 年的 238 756 万千瓦时增加到 2014年的 487 526 万千瓦时，呈现出较快发展态势。2014 年有效灌溉面积达到162.88 万公顷，比 2002 年增加了 12.98 万公顷。③财政投入增加，农机化服务领域不断扩大，体系逐步健全。近年来，中央财政不断加大投入，对农民购置农机具进行补贴，极大地激发了农民的购买热情。现代农业机械装备的快速增加带来了农业 的高效率，同时也促进了农业机械服务行业的发展，农业机械服务领域也由原来的农田作 业，逐步向产前和产后延伸，向其他领域扩展。目前，吉林省自上而下已初步形成了包含农机作业服务、修造供应、农机管理、教育培训、科研推广和安全监理在内的集经营、服 务和管理为一体的农机社会化服务体系。

综上所述，近十多年来，吉林省农业机械化水平得到了显著提高，但是其发展中仍存在一些问题。①农机装备结构仍待进一步优化。目前，吉林省在田间作业的农业机械中，小型农机具偏多，大中型农机具较少。大中型农用机械作业效率较高，产量和经济效益较好，而小型农机具作业规模和作业效率较低，无法满足农业规模经营的需要，也无法满足农机专业户经营的需要。②农业机械机化发展资金投入不足。农业机械的推广和应用以及农民购买农业机械都需要大量资金。要把农机科研成果转化为现实生产力，就离不开农机推广这一环节，但政府每年对农机推广投入经费严重不足，无法完成农机科研成果的示范和推广工作；农民以家庭为单位组织生产，很难有能力购买大型农机具，这就在一定程度上制约了农业机械化的发展。究其原因，是吉林省农机化多元投资、多渠道资金筹集的机制还没有建立起来。一是政府财力有限，无法在农机化方面投入更多的资金；二是在市场经济价格因素的影响下，目前的农机制造业仍是微利或是无利产业，投资者无意对该行业进行投资；三是吉林省农业大而不强，很难通过引进外资发展农机化；四是农业生产、经营还没有普遍形成规模，缺少资金筹集的渠道。③基层农机从业者的理论、操作水平低，法律意识薄弱。基层农机技术管理人员普遍专业文化偏低，创新意识不够，专业化技术型农技人才缺乏，农机科技知识无法及时得到推广，绝大多数农民受教育程度低，无法维修先进的农业机械。很多农机推广干部和农民不懂得所使用农业机械的使用要领、性能、特点和技术保养规程，大多数人只会开车不会维修、养护，导致先进农业机械的利用率低、工作效率低，先进的农机技术推广难度大，先进农机科技成果的市场转化率低。此外，基层农机工作者对出台的农机法律法规认识不深，意识不强，掌握的法律法规不全面、不透彻，就无法对广大农民进行有效的宣传。只有将政策法规作为支撑，农机化才能健康发展。要实现农机化的发展目标，必须加强农机化法规和农机化安全建设。④农机化社会服务不健全。对于乡（镇）一级的农机服务中心来说，它们地处农村，面对农民，应该是最有效和最便捷的农机服务机构，但是由于政府资金投入不足，乡（镇）一级的农机服务中心既无办公地点，又没有维修场地和设施，很少对农机人员进行培训，农机化社会服务不能发挥正常的服务功能，绝大多数服务中心有名无实，基本丧失了应有的服务功能，所能提供的农机服务项目仅限于田间作业。县一级农机机构人员频繁变动，难以增强农机机构的服务职能。在乡（镇）基层，乡（镇）农机站被并入了农业服务中心，一些农机干部从事了乡（镇）其他工作，一些不懂农机专业知识的干部反而从事了农机推广工作，导致从事农机推广干部素质更低，农机管理服务职能无法正常有效发挥。

劳动替代型机械设备的投入对粮食适度规模经营的规模大小具有很大的影响，通过不断用现代农用机械来代替劳动力既可以克服农业劳动力不断减少带来的问题，又可以解决在家务农劳动力老年化的问题，同时可以提高劳动生产效率。吉林省中、东、西部三大区域情况各异，要根据当地自然经济条件对农机进行实用性研究，中部地区多平原，应从改善土壤的理化性能，增加土壤有机质含量入手，从提高粮食单产、降低生产成本、提质增效出发，加快大型农机具推广，建设多元化农机服务组织，大力提高农业生产机械化水平，提高农业集约化程度。东部应大力推广适应山区的农业机械。西部应主要从改善农业生产条件，改善和优化生态环境出发，重点调整农业动力组成结构，增加大型农机装备在草原、湿地、农田水利建设方面拓展农机应用范围。同时，要进一步加大财政对大中型农机具购置补贴的投入，通过各种措施使农户能会用、买得起适合当地耕地自然条件的农业机械设备，提高粮田作业大型动力机械覆盖率，改变农业机械装备水平低和结构失衡现状；加强农机科教培训工作，培养高素质的农机使用者；完善农机社会化服务机制，提高农机服务标准化、专业化服务能力，为粮食规模化、集约化、高效化经营创造必要条件。

5.3.2　土地替代型的物质投入

土地替代型的物质投入是指各种生物化学技术物化的物质要素如化肥、农药和种子等物质载体，通过这些要素的投入可以改变、优化农作物的生产过程，提供农作物生长的必要营养物质，给农作物的生长提高良好的环境，提高单产水平。对于土地替代型的农药、化肥、优良作物种子等之间也需要合理的配套，投入肥料的增加并不代表土地的生产率就会相应的提高，还需要对作物的品质进行改良以适应对肥料等投入的反应。对于作物品种的改良还需要改善土地的灌溉条件，才能真正发挥肥料等现代要素对土地的替代，提高土地的生产率。采用高产品种同时需要不断改善灌溉系统，保持和提高土壤肥力。农户对自己承包的耕地提高其产出率主要靠增加短期见效的化肥、良种的使用量来实现。由于土地替代型生物化学技术的载体化肥农药具有较强的可分性，对农户耕地的经营规模要求较低，但投资成本较大、使用的技术风险较高。由于新的农用投入要素具有一定的技术性风险，农户从生产的稳健出发一般不会积极地投入使用，政府可以通过适度规模经营农户对新的先进产品进行试验，从而会对相邻的农户产生示范带动作用，使优良的作物品种、耕作技术和优良化肥农药得到使用，提高土地的产出水平，使相同的土地面积的实物粮食产出得到提高。

耕地质量的优劣直接涉及上述物质投入效用的发挥进而影响粮食的供给能力和可持续发展。因此耕地质量及其变化趋势必然是一个值得高度关注的问题。从我国耕地的总体情况看，不仅垦殖指数低（约13%），而且优质耕地比重低。根据第二次土地普查，我国优质耕地仅占耕地总面积的21%。有30%的耕地受水土流失的侵害，有40%的耕地不同程度的退化，耕地质量正在逐年下降。吉林省是我国粮食的核心产区，粮食产量占全国6%，商品量占全国10%，人均粮食占有量连续30年占据全国第一或第二位。但是在粮食增产的同时，耕地的透支性使用日益突出。在化肥、高产品种等增产因素的作用下，掩盖了地力下降的严峻现实。可以说，数量巨大的商品粮生产是以地力的严重消耗为代价的。具体表现为：①黑土地退化严重。吉林省中部是我国的黑土主要分布地区之一，黑土区总面积1 650多万亩，约占全国的20%。多年来，吉林省的黑土呈侵蚀退化趋势，大量的水土流失，黑土腐殖质层厚度变薄。目前，吉林省黑土腐殖质层厚度在20～30厘米的面积占黑土总面积的25%左右，腐殖质层厚度小于20厘米的占12%左右，完全丧失腐殖质层的占3%左右。优质黑土正在慢慢消失，部分黑土区已经丧失了农业生产能力。根据专家估算，黑土地1厘米腐殖质层的形成需要400年左右时间，按照目前每年0.3～1厘米的流失速度计算，最快20年，黑土层将消失殆尽，吉林省将面临"无黑土地可耕"的局面。在黑土地退化的同时，就吉林省耕地质量的整体变化情况而言，土壤有机质也呈逐年下降趋势。根据有关数据统计，吉林省耕地有机质含量已经从最初的4%～6%降低到目前的2%～3%，并正以每年0.01%的速度减少。②土壤酸性成分升高。耕地土壤在自然气候条件下，其正常的pH为6.5左右。目前，吉林省耕地土壤的pH正在下降，酸化严重。土壤的pH下降，严重抑制土壤微生物的活动，有机质分解缓慢，CO_2产生量减少，土壤N的生物矿化和固定能力明显下降，造成土壤板结，通透性不良，使土地生态系统热量、水分失衡，保墒保水性能急剧下降，导致土地抗旱、抗涝能力严重降低。③土壤重金属含量超标。根据国土资源部调查，我国至少1 600万～1 900万公顷耕地受到镉、砷、汞、铅等重金属污染，污染面积接近20%，其中镉污染耕地涉及11省25个地区。有关部门对我国30万公顷基本农田保护区土壤有害重金属的抽样监测发现，有3.6万公顷土壤重金属超标，超标率达12.1%。我国每年受重金属污染的粮食高达1 200万吨，直接经济损失超过200亿元，而这些粮食可养活 4 000 多万人口。④白色污染危害加重。我国每年约有 50 万吨农膜残留于土壤中，残膜率达 40％。残膜在 15～20 厘米土层形成不易透水、透气的难耕作层，加速了耕地的"死亡"。目前吉林省农膜覆盖面积已扩大到 10 万公顷左右，年农膜用量为 5 万～6 万吨，地膜残留量为 10～15 千克/公顷，残留率为 15％以上。根据测定，种子播在残膜上烂种率达 6.92％，烂芽率 5.17％，每亩土壤残膜达 3.9 千克时，玉米减产 11％～23％。根据有关专家研究，农膜的降解年限大约需要 7 代人 140 多年。更重要的是，在降解农膜的过程中，会有致癌物二噁英排放到空气中。土地被污染后，通过自净能力完全复原周期长达千年。⑤大量优质耕地转为建设用地。随着工业化、城镇化进程的加快，自 2012 年后，吉林省从建设用地相对宽裕的省份转变为紧缺的省份。在新增建设用地中，占用耕地数量达到 8.33 万公顷，占现有耕地的 1.6％，占优质耕地的 5％，这其中有很大一部分都是黑土地。吉林省城镇化发展较快的区域在中部，而中部是优质农田的主要分布区域。近 10 年，中部各县建成区面积增加了数倍，国家虽然实施了占补平衡政策，但是该政策只控制了耕地数量，没有实现质量上的控制。在实际中，往往是占优补劣。就吉林省而言，中部主产区优质耕地减少，西部风沙大、干旱的盐碱地增加。耕地质量除了受自然环境影响外，很大程度上受人类不合理的生产活动影响。耕地过度垦殖、不合理耕作、化肥的大量投入和保护力度不够等都是耕地质量下降的主要原因。实施有效耕地质量保护，是使粮食生产物质投入要素达到最优配置的基础。

5.3.3 农田水利设施投入

吉林省是我国重要的商品粮基地，粮食适度规模经营离不开充足且安全的水资源。吉林省是一个水资源较为匮乏的省份，水资源空间分布不均，季节性和区域性缺水问题突出。吉林省 25 个商品粮基地县主要处于松辽平原，其中西部各县属于半干旱地区，年降水不足 400 毫米。吉林省中部产粮大县的年降水理论值为 500～600 毫米，但多年来降水呈下降趋势，有的年份降水不足 500 毫米。无论是中部还是西部，水成为粮食稳产的重要瓶颈因素。特别对于西部而言，水就是粮，有水就有粮。在丰水和缺水的年份，因水而产生的产量落差可达到 40％以上。2004—2013 年，全国人均水资源占有量为 2 003 立方米，而吉林省只有 1 567 立方米，仅为全国平均水平的 78.23%。就吉林省水库量而言，截至 2013 年，吉林省共有水库 1 625 座，占全国水库总数的 1.7%；吉林省水库总容量为 334.4 亿立方米，占全国水库总容量的 4.0%。吉林省库容在 1 亿立方米以上的大型水库共有 18 座，库容 0.1 亿～1 亿立方米的中型水库共 102 座。水库的作用主要是防洪、发电、灌溉和供水。吉林省水库数量虽多，但多为小型水库，缺乏控制性的大型水利枢纽工程。就农田排灌机械情况而言，农田排灌机械是利用各种能源和动力，提水灌入农田或排除农田多余水分的机械和设备。吉林省的农用水泵电动机和柴油机动力水平为全国水平的 1.6%。2004 年吉林省农用排灌电动机数量为 13.75 万台，2012 年上升至 20.11 万台，平均每 74 位农村人口拥有 1 台。农用排灌柴油机数量由 2004 年的 27.69 万台上升至 2007 年的 29.01 万台，2013 年下降至 19.76 万台，平均每 75 位农村人口拥有 1 台。全国农用排灌机械数量最多的河北省电动机数量高达 149.88 万台，占全国总量的 12%，平均每 38 名农民拥有 1 台；柴油机 152.39 万台，平均每 37 名农民拥有 1 台。随着节水灌溉技术的发展，农用灌溉机械已经从农用水泵开始逐渐向喷灌、微灌等新型灌溉方式转变，预计农用水泵电动机和柴油机等动力将有所下降，与之相对应的是喷灌、微灌和膜下滴灌等面积的增加。就灌溉农业及节水灌溉技术应用现状而言，灌溉农业是以水利设施为保障的农业生产方式，反映了一个地区水利设施的建设和应用情况，灌溉农业的发展可以通过农田有效灌溉面积和旱涝保收面积来衡量。其中，农田有效灌溉面积指具有一定的水源，地块比较平整，灌溉工程或设备已经配套，在一般年景下能够进行正常灌溉的耕地面积。旱涝保收面积指灌溉面积中，不管发生旱灾还是涝灾，都能保证收成的面积，即遇旱能灌遇涝能排的面积。2014 年，吉林省的农田有效灌溉面积 162.88 万公顷，占吉林省耕地面积的 27.4%；吉林省的旱涝保收面积 114.1 万公顷，占吉林省耕地面积的 20.6%。吉林省水资源相对缺乏，而且春旱严重，因此，节水灌溉技术及设施的推广和应用，对于吉林省农业的可持续发展和粮食安全的有效保障具有重大意义。节水灌溉技术主要包括喷灌、微灌、低压管灌、渠道防渗及其他方式，目前吉林省的节水灌溉方式以喷灌为主，喷灌面积占全部节

水灌溉面积的 60%。与黑龙江省和辽宁省相比，吉林省的节水灌溉设施
发展较为滞后，节水灌溉面积占农田有效灌溉面积的 23%，分别比黑龙
江省低 46 个百分点，比辽宁省低 21 个百分点。此外，吉林省微灌面积仅
占灌溉面积的 4.7%，远低于辽宁省的 10.2% 的水平。与所在的松花江和
辽河水域的其他省份相比，吉林省节水灌溉农业的发展非常滞后。在松花
江水域，黑龙江省的节水灌溉面积占该水域全部节水灌溉面积的 78.3%，
而吉林省仅占 9.2%，主要以喷灌为主。在辽河流域，内蒙古的节水灌溉
面积占全部节水灌溉面积的 51.9%，而吉林省仅占 2.5%。就地下水开采
状况而言，从 20 世纪 80 年代以来，为解决粮食生产的灌溉问题，西部一
些县大量开采低下水，有的县地下水开采深度已经超过 80 米。而 80 米以
下地下水是不可补给水，长期过度开采必然造成水资源的生态灾难。

目前，吉林省农田水利设施建设存在的问题主要表现在以下几个方
面：①水利设施投资能力不足。吉林省经济实力较弱直接制约了水利建设
的投资能力，农田水利建设的投资来源主要依靠国家和省级政府，投资渠
道较少，而且增长较慢。2013 年，吉林省全社会固定资产投资由 2004 年
的 1 169 亿元增长至 9 980 亿元，其中，用于水利、环境和公共设施管理
业的固定资产投资由 2004 年的 66 亿元增长到 826 亿元。2013 年吉林省固
定资产投资较 2012 年增长了 4.9%，其中水利、环境和公共设施管理业
的固定资产投资较 2012 年增长 8.6%。但是，相比于其他农业大省，吉
林省用于水利、环境和公共设施管理业的固定资产投资总额相对较少。如
2013 年山东省水利、环境和公共设施管理业的固定资产投资额为 1 837 亿
元，江苏省 2 571 亿元，四川省 2 361 亿元，辽宁省 2 233 亿元。②水利
设施及配套装备落后。一是吉林省缺少大型控制性水利枢纽工程。吉林省
的水库数量虽然高于辽宁省和黑龙江省，但缺少大型控制性水利枢纽工
程，水库总容量只有 334.37 亿立方米，库均水容量更是位于东北三省最
低。二是吉林省水库的空间分布不均，呈现东多西少的格局，白城市、松
原市和白山市的水库数量较少。三是吉林省病险水库达一半以上，重建轻
管、老化失修严重，大大降低了其使用寿命，影响了其作用的发挥。四是
农田排灌机械不足。2012 年，吉林省共有农用排灌机械 46.7 万台，平均
37 位农村居民拥有 1 台。2012 年，吉林省每 100 户家庭拥有水泵 32 台，

而河南省 43 台，山东省 44 台，辽宁省 37 台。③水利设施利用效率低下。吉林省水利设施的抗旱除涝功能仍未能充分发挥，洪涝干旱灾害依然严重。2012 年吉林省成灾面积达 21.83 万公顷，占农作物总播种面积的 4.11%。其中，旱灾 16.6 万公顷、水灾 0.8 万公顷，旱灾和水灾占成灾面积的 79.71%。农田水利设施利用率低还体现在较低的有效灌溉面积和除涝面积上。2013 年吉林省的有效灌溉面积为 151 万公顷，有效灌溉率为 27.9%，低于全国平均水平（38.6%）、黑龙江省（43.79%）、辽宁省（33.45%），更低于江苏省（49.26%）和河北省（49.71%）等省份。2013 年，吉林省的除涝面积为 102.6 万公顷，占农作物总播种面积的 18.96%，同年黑龙江省的除涝面积占农作物播种面积的 21.65%，辽宁省这一比例为 27.69%。

土地作为粮食生产的主要决定要素，其耕作条件的方便程度、土地质量的好坏对农业生产起到关键作用。土地的细碎化、分散、不集中连片是我国发展粮食适度规模的最大障碍，使农业机械利用率低、管理成本加大、农业产业结构调整困难。造成我国土地细碎化的原因既有自然地形的原因，更多的是由于人为的远近和好坏搭配分配承包的人为分割。需要解决农地分散细碎、互相插花等土地不连片的问题，必须有组织的进行农田整治、调整，通过合并及综合整理达到集中连片的开发目的，最终实现小块耕地归并为大块土地、分散的耕地变成集中连片的耕地，使土地的利用方便。对于土地要素需要不断的投资，其主要特点是投资后内含于土地上，具有资产专用的性质，一般投入后不能再做他用，短期内不能兑现，但对粮食生产有着长期的影响。包括农用水库水塘的建设投资、灌溉和排水的沟渠建设、平整改良等，这种投资主要属于固定性质的投入，会在很长时间内产生有益的作用，因此他与土地的产权所有者有很大的关系，需要保证产权稳定，引导所有者和使用者加大对固化于土地上的投资。对于粮食生产起决定作用的农田基础设施建设如灌溉、排水设施和土地平整等投资，其投资大、期限长，受益者范围广，一般的家庭农户不愿也没经济能力进行相关的有效建设。这些对粮食适度规模经营具有决定作用的投资都需要政府的合理引导，吸引企业、农户及各种社会投资加入农业、农村的基本建设中来，不断优化粮食适度规模生产的基本条件。

6 吉林省粮食生产适度规模经营的政策建议

6.1 加强新型粮食生产经营主体的培育

种粮大户、家庭农场和农民专业合作社等新型粮食生产经营主体是推进农业现代化的主要载体，也是促进农业增效、农民增收的重要力量。要加强培育和发展新型粮食经营主体，不断激发粮大户、家庭农场、农民专业合作社等经营主体的活力，进一步从财政、税收、信贷、科技、用地等方面加大和完善政策扶持的力度。要提高粮食生产经营主体素质，加强农业科技人才的培训，完善农业职业培训体系，健全农业技能持证上岗机制，逐步探索建立农业从业人员与农业生产组织的准入制度，使宝贵的粮食生产耕地流入到"想种田、会种田"的生产主体手中；建立健全以农技推广专家为核心、以农技指导员为骨干的新型农业推广服务体系，提高新型粮食生产经营主体的综合技能；营造农业就业和创业的良好环境，引导和鼓励大学生、农民企业家等群体成为新型粮食生产经营主体的领头人。

6.2 完善土地流转制度，探索建立农村土地流转的保障机制

建立健全土地流转机制，为规模经营创造良好的运行基础。在稳定土地家庭承包责任制的基础上，建立适应市场经济发展要求，盘活土地使用权，提高土地产出率的土地流转机制。通过委托代耕、转包、转让、租赁和入股等形式促使粮地使用权适度向懂技术、善经营的新型粮食生产经营主体集中，实现粮食生产的规模效益。鼓励发展土地流转中介组织和土地承包纠纷仲裁机构，积极开展土地流转供求信息、合同指导、纠纷调解等

服务，促进土地有序、健康地流转。粮食规模经营的发展和土地的劳动力负荷量减少是同步进行的，只有减少农业劳动力，才能增加单位劳动力的耕作面积。粮食规模经营和农业劳动力的减少是一个长期的、渐进的过程。在这个过程中，一方面要提高农村劳动力素质，加大农村教育培训投入，建立和发展农民工技能培训体系，组织引导农村剩余劳动力向非农产业转移；另一方面要健全和完善劳动力就业市场，促进农民工就业和城乡统一劳动力市场的建立和发展，同时取消对农民的歧视性政策，给农民以国民化待遇。此外，要重视农村小城镇建设，通过发展小城镇，促进乡镇企业的合理布局，加快第二、三产业的发展，为解决农村剩余劳动力的就业提供新机会。农地的规模化流转和农村剩余劳动力的大规模转移在一定程度上依赖于农村社会保障体系的完善。完善的社会保障体系可以解除流转土地农户的后顾之忧，使其逐步淡化土地的就业、生存保障和社会福利功能。为此，一方面应加强农村社会保障制度的立法，逐步健全和完善农村最低生活保障制度、农村社会养老保险制度和农村医疗保障制度；另一方面，应加大财政投入，多渠道筹集农村社保资金。

6.3　加强粮食生产基础设施建设，提高粮食生产物质装备水平

基础设施建设是实现粮食生产稳定增长的根本措施，加强粮田水利设施建设，提高粮食生产投入品的使用效率，加快涉粮机械化发展，为粮食生产适度规模经营创造良好的物质基础。

在农田水利设施建设方面，增加各级政府对农田水利设施建设的投入，建立多元化投融资渠道，加快以节水改造为重点的大中型灌区续建配套建设，完善灌排体系。搞好病险水库的除险加固、中小河流治理和地方中型水源的开发。积极开展田间排灌、小型灌区和非灌区抗旱水源、丘陵山区和其他干旱缺水地区雨水集蓄利用等水利工程项目建设。鼓励农民投工投劳兴修农田水利，引导产业化龙头企业等社会力量参与农田水利建设。加强节水农业的推广与示范，研究和制定适合地方特点的灌溉制度，推广适合地方特点的灌溉技术，培训、指导农民科学灌溉，引导农民掌握

和应用高效节水灌溉设施和装备。同时，要强化农机、农艺配套，推行水肥药一体化灌溉技术的推广应用，推进灌溉、农艺、良种、肥料和农药等一体化集成配套技术，加大覆膜、铺膜滴灌带、播种一体机等节水装备的引进、研发和推广力度。

在提高农业机械装备水平方面，现代农业是以农业机械装备为基础的农业，农业机械化总体水平高低是衡量一个国家农业现代化程度的重要标志。在从传统农业向现代农业转变的过程中，吉林省应加快推进农业机械化进程，进一步加大财政对大中型农机具购置补贴的投入，提高粮田作业大型动力机械覆盖率，改变农业机械装备水平低和结构失衡现状。完善农机社会化服务机制，组织好农机跨区作业，提高农机服务标准化、专业化服务能力。

此外，将种粮大户、家庭农场和农业专业合作社承包的农田纳入农业综合开发、标准粮田建设等农业投资项目的范畴，实施路、田、水、电等综合性改造，新建晒场、仓储等配套设施，增强农业抗御自然等灾害的能力。重点加大对农村土地治理、耕地改良、农业综合开发、农业产业化、特色农业产业示范基地和标准农田建设等涉农项目的投入，保障粮食生产。

6.4 探索建立现代农村金融制度

加快农村金融制度创新，建立现代农村金融制度是促进城乡产业融合、要素流动以及实施普惠金融政策，实现农业现代化的重要前提和必然要求。要建立自下而上的内生性农村金融体系，构建多元化、合作性、竞争性、广覆盖、可持续的新型农村金融体系。我国农村土地所有权、承包权、经营权长期"三权分离"，解决农村金融"贷款难、贷款贵"问题，缓解新型粮食经营主体融资难现状，完善农村土地经营权抵押机制十分必要。当前，农村产权确权困难、进展缓慢。国务院 2015 年 8 月印发了《关于开展农村承包土地的经营权和农民住房财产权抵押贷款试点的指导意见》以深化农村金融制度创新，引导农村土地经营权有序流转。可以预见，农村产权流转市场的放开和活跃将给农村金融市场发展带来新的发展契机。要构建现代农村金融制度首先应完善农村产权抵押与担保制度，建立符合实际的、有公信力的产权价值评估体系。要实现农村土地经营权抵押机制从政策文件赋权到法律法规赋权的过渡，在这个过程中要高度重视法律风险，考虑抵押的可操作性。要建立完善农村金融生态的信用征信体系。政府是农村金融制度创新的主体，对农村金融制度的变迁扮演了核心的角色。由于农村金融发展的特殊性，政府在监管方面应探索有别于商业银行监管的思路和手段，应基于农村金融现实需求，更多侧重于金融监督体系建设，特别是对合作金融组织的监管，同时应承担起现代农村制度构建的风险和费用。此外，要积极利用社会网络资源，利用社区、村落内部网络降低由于信息不对称所带来的交易成本和信用风险，探索农业产业链融资模式和小微企业贷款实践。

6.5 建立系统的农业科技研发和推广体系，提高粮食生产的科技支撑能力

首先，要加强粮食科研的基础研究和技术引进，推动粮食科技创新体系建设。进一步强化政府对粮食科技投入的主体地位，建立以政府为主导、社会力量广泛参与的多元投入保障机制，以品种创新为重点，加强主要粮食作物的良种繁育中心建设；建立适应市场经济要求的科技创新成果激励机制；组织开展生物技术、遗传工程等重大科研项目攻关，推出一批高产优质粮食新品种；加强与国际先进粮食研究机构及试验室的合作，引进国际先进技术，提升吸收和创新能力。其次，要提高粮食科技成果转化效率。围绕粮食生产目标，明确主推技术和主导品种。运用市场机制促进新品种和新技术等科技成果的组装集成、配套开发及转化提高。通过项目带动引导资金、人才向重点技术、重点作物和重点区域倾斜。鼓励农业大专院校、科研院所等的应用研究人员投身粮食生产第一线，加快粮食生产科技成果的转化。再次，要建立以公益性推广机构为主导的多元化农技推广体系。深化农技推广体制改革，按照公益性职能和经营性业务分开的基本原则，合理设置基层的农业技术推广机构。对于公益性推广机构，国家财政要保障其正常运转；对于经营性推广机构，政府要给予一定的优惠扶

持政策。鼓励科研院所、大专院校、农民专业合作社和产业化龙头企业开展多种形式的农技推广服务。组织农业科技入户工程，可在农村选择一批科技示范户，通过提高科技示范户的学习接受能力与辐射带动能力，形成以户带户、以户带村、以村带乡的农技推广新模式，加强对农民的培训，引导农户推广应用新品种和新技术。

参 考 文 献

杜国平. 欠发达地区农地适度规模经营的现实条件与应对策略 [J]. 贵州农业科学，2010 (7): 207-211.

杜黎明. 论农业规模经营分区实现的客观基础 [J]. 农村经济，2012 (3): 100-103.

凡兰兴. 农业规模经营：越南的经验与中国的政策选择 [J]. 世界农业，2013 (4): 67-70，165.

冯静，杨静，姜会明. 吉林省粮食大县（市）粮食生产效率分析 [J]. 吉林农业大学学报，2015 (4): 119-124.

耿玉春. 推进我国农业规模经营发展的外部困扰与化解对策 [J]. 经济纵横，2013 (10): 41-44.

郭庆海. 粮食主产区耕地质量问题及其保护政策——以吉林省为例 [J]. 当代农村财经，2014 (10): 10-14.

郭庆海. 新型农业经营主体功能定位及成长的制度供给 [J]. 中国农村经济，2013 (4): 6-13.

贺书霞. 外出务工、土地流转与农业适度规模经营 [J]. 江西社会科学，2014 (2): 62-68.

侯亚南，倪锦丽，郭庆海. 吉林省松辽平原农户土地适度规模经营预测分析 [J]. 吉林农业大学学报，2007 (6): 124-128.

胡初枝，黄贤金. 农户土地经营规模对农业生产绩效的影响分析——基于江苏省铜山县的分析 [J]. 农业技术经济，2007 (6): 83-86.

胡小平. 粮食适度规模经营及其比较效益 [J]. 中国社会科学，1994 (6): 37-50.

黄祖辉，陈欣欣. 农户粮田规模经营效率：实证分析与若干结论 [J]. 农业经济问题，1998 (11): 3-8.

姜天龙. 吉林省农户粮作经营行为和效率的实证研究——以玉米种植户为例 [D]. 长春：吉林农业大学，2012.

蒋和平，蒋辉. 农业适度规模经营的实现路径研究 [J]. 农业经济与管理，2014 (1):

7 - 13.

李博伟，张士云．种粮大户土地规模经营影响因素实证研究［J］．山西农业大学学报（社会科学版），2014（1）：75 - 80.

李练军，徐平．适度规模经营：粮食主产区现代农业发展模式的现实选择［J］．当代经济，2016（5）：73 - 75.

李相宏．农业规模经营模式分析［J］．农业经济问题，2003（8）：48 - 51，80.

李忠国．农业适度规模经营实现形式若干问题的思考［J］．农村经营管理，2005（1）：22 - 23，48.

刘宝庵，郭庆海．吉林省"三化"统筹中的农业土地规模化经营问题［J］．中国集体经济，2012（28）：10 - 11.

卢小广，宋敏．投资视角：我国农业生产制度创新研究［J］．现代财经，2006（12）：35 - 39.

吕晨光，杨继瑞，谢菁．农业适度规模经营研究——以山西省为例［J］．统计与决策，2013（20）：136 - 139.

倪锦丽．吉林省农业机械化发展对策浅析［J］．吉林农业，2014（22）：44 - 45.

潘朝辉，杨怀宇．农业适度规模经营的前提条件［J］．技术与市场，2007（1）：74 - 75.

钱贵霞．不同粮食生产经营规模农户效益分析［J］．农业技术经济，2005（4）：62 - 65.

屈茂辉．农村承包经营权改革问题探析［J］．农业经济问题，1998（3）：2 - 8.

任治君．中国农业规模经营的制约［J］．经济研究，1995（6）：56 - 60.

石霞．适度规模经营：农村改革的"第二个飞跃"［J］．中共中央党校学报，2008（6）：28 - 30.

宋扬清，王喜军．吉林省土地流转及规模经营情况的研究［J］．长春市委党校学报，2013（3）：55 - 61.

孙凤莲．土地托管服务的现状、可能影响及发展对策研究——基于吉林榆树市的调查［J］．农业经济，2014（8）：74 - 76.

孙自铎．农业必须走适度规模经营之路［J］．农业经济问题，2001（2）：32 - 35.

田欧南．吉林省农村土地流转问题研究［D］．长春：吉林农业大学，2012.

汪萍．我国新型粮食生产经营主体研究［J］．农业经济，2015（4）：38 - 40.

王金凤，段秀萍．大力培育新型农业经营主体完善农户之间利益联结机制［J］．吉林农业，2015（20）：46 - 47.

王志刚，申红芳，廖西元．农业规模经营：从生产环节外包开始——以水稻为例［J］．中国农村经济，2011（9）：6 - 14.

卫新．浙江省农户土地规模经营实证分析［J］．中国农村经济，2003（10）：32 - 37.

吴桢培，蒋和平．粮食主产区规模化生产的四种模式及启示——基于湖南省粮食规模化生产的典型案例分析 [J] . 中国经贸导刊，2011 (1)：36 - 39.

吴桢培 . 农业适度规模经营的理论与实证研究——以湖南省农户水稻种植规模为例 [D] . 北京：中国农业科学院，2011.

徐菀浚，白丽，王希卓，张孝义 . 吉林省农田水利设施建设现状、问题及发展对策 [J] . 农业工程，2015 (9)：75 - 78.

薛亮 . 从农业规模经营看中国特色农业现代化道路 [J] . 农业经济问题，2008 (6)：6 - 11，112.

杨国玉，郝秀英 . 关于农业规模经营的理论思考 [J] . 经济问题，2005 (12)：44 - 47.

杨素群 . 农业经营适度规模解析 [J] . 唯实，1998 (3)：27 - 30.

张冠宇 . 吉林省家庭农场发展研究 [D] . 长春：吉林农业大学，2015.

张光辉 . 农业规模经营与提高单产并行不悖——与任治君同志商榷 [J] . 经济研究，1996 (1)：57 - 60.

张红宇，李伟毅 . 新型农业经营主体：现状与发展 [J] . 中国农民合作社，2014 (10)：50 - 53.

张宁宁 . "新常态"下农村金融制度创新：关键问题与路径选择 [J] . 农业经济问题，2016 (6)：69 - 73.

张瑞芝，钱忠好 . 农业适度经营规模初探 [J] . 扬州大学学报（人文社会科学版），1999 (1)：76 - 80.

赵鲲 . 共享土地经营权：农业规模经营的有效实现形式 [J] . 农业经济问题，2016 (6)：6 - 10.

赵婷，张吉国，史建民 . 山东苹果种植成本收益分析 [J] . 山东农业科学，2014，46 (4)：146 - 149，152.

郑文凯，胡建锋 . 农业适度规模经营的现实选择 [J] . 瞭望新闻周刊，2006 (13)：42 - 43.

Arthur Young. A Course of Experimental Agriculture：Containing an Exact Register of All the Business Transacted During Five Years on Near Three Hundred Acres of V [M] . Gale ECCO，Print Editions，1770.